40代からの生き方が楽になる知恵

「四書五経」に学ぶ永遠の人生哲学

Kumagai Mitsuaki
熊谷充晃

WAVE出版

はじめに

「四十にして惑わず」

これは人生の円熟期を迎えた40代が採るべき考えかたや生きかたを示した『論語』の一節です。40代以上になると、それまでの人生でさまざまな「酸いも甘いも噛み締めた」人も多いと思います。しかし人生には、その年齢相応の悩みや不安が存在するのも事実ですし、生きていれば誰でも何かしらの心配事を抱えていると思います。

それらを上手に乗り越えたり解消したりして今後をますます「善く」生きるための、ビジネスや人生に活かせるヒントや指針といった普遍的な「知恵」が、『論語』を代表格とする「四書五経」という書物グループには豊富に収録されています。

2000年以上も昔から伝えられてきた「四書五経」は、「忠孝の道」などで知られる「儒教」の基本的な教材としての歴史も長く持っています。しかし「儒教」を頭に置くか否かを問わず、「四書五経」の内容は、現代に生きる私たちが参考にし、十分に応用できる永遠・普遍的な文言が数多く散りばめられています。

『論語』や著者とされる孔子、それに『論語』と双璧をなす孟子による『孟子』などは広く知られていると思います。特に『論語』は、日本人にとってなじみが深い外国書籍の代表といえるでしょう。

『論語』『孟子』はほかの2作品と合わせて「四書」というグループに含まれています。

そして5作品による「五経」なるグループもあります。

それらの総称が「四書五経」なのですが、このグループ全体といわれると、たちまち知名度がダウンするのではないでしょうか。

知名度が低いということは、内容もよく知られていないということです。つまり〝人生指南書〟としての「四書五経」に、私たちが身近なものとして接するチャンスが少ないということです。それは有益な内容に、なかなか触れられない、ということでもあります。

実際に、『論語』と『孟子』、それらの著者とされる孔子や孟子を扱った一般向けの書物は、これまでに数多く出版されている一方で、「四書五経」という総体となると、なかなか一般向けの書籍に出会うことがありません。

それ以前に、先の2作品を除く7作品については、ほとんど一般向け書籍が流通していないようにも思います。

本書はいわゆる「入門書」的な、比較的認知度が高い有名な文言の解説、といったことはキッパリと斬り捨て、文言の知名度によらず「人生を豊かにしてくれそう」「ビジネスに有益そう」「精神を楽にしてくれそう」「余計な力を抜いて生きていけそう」と思える文言を選び、解説を加えることにしました。

「四書五経」というと「小難しそう」というイメージを持ってしまいがちです。

実際に私もそうなのですが（笑）、その敷居を越えて中身をひも解いていけば、やはり現代に生きる私たちの人生に多様な示唆をしてくれる〝知恵の宝庫〟なのだと実感させられます。

そこで「四書五経」が身近な存在だと感じ取っていただけるよう、意味するところを例示する場合などは、できるだけ現代人である私たちの立場に置き換える、という試みもしてみました。

さまざまな人生経験を積んだ40歳以上ともなれば、本書を読み進んでいくうちに、〝潤いと張りのある人生〟〝人間的に豊かな自分〟〝肩ひじ張らない生きかた〟といったことを考えるうえで、広範にヒントを与えてくれたり指針となってくれたりしていることを、実感していただけるのではないでしょうか。

それから、別々の書物に収録されているものの、意味としては深い関係があると感じた文言は、同じ項目の中で並列的に紹介しました。

それぞれを単独で読むだけでは発見できない視点だと思ったからで、これも「四書五経」とひとくくりにするからこそ可能な提示方法だと思っています。

また、理解を深めるための基本情報として「四書五経」に含まれる書物のあらましについても、序章で軽く触れています。

手に取っていただいたみなさんの肩に入った余計な力がスーッと抜けて、今後の人生に少しでも潤いを与えられればと願っています。

著　者

40代からの生き方が楽になる知恵◉目次

第１章
「四書五経」で肩の力が抜けた新たな自分を作り出そう！

第2章

「四書五経」で誰からも愛される交際術を身に着けよう！

第3章 仕事の手法に人間関係……ビジネスの悩みに効く「四書五経」

第4章
「四書五経」を〝潤滑剤〟に肩ひじ張らない生きかたを

終章 日本人を魅了し続けてきた「四書五経」の〝心〟

装　丁　奥定泰之
DTP　小平智也

序章

2000年の昔から、「四書五経」は常に現役の〝人生指南書〟

「四書五経」とは9つの書物のグループ名

「四書五経」はシンプルに表現すれば〝人生指南書〟で、人生のさまざまな悩みを解決するヒントに満ちた〝知恵袋〟です。2000年も昔から現役であり続け、もちろん現代に生きる私たちを大いに助けてくれる内容です。そして誕生の地・中国に限らず、日本はおろか欧米人をも魅了してきた人生哲学の〝最高峰〟ともいえる存在です。しかし残念ながら知名度はイマイチ……。

そこで最初は「四書五経」について軽く知っていただこうと思います。4つの書物からなる「四書」と5つの書物からなる「五経」、それらを総称して「四書五経」となっています。

《四書グループ》

『論語』

『孟子』

『大学』

『中庸《ちゅうよう》』

《五経グループ》

『書経（尚書《しょうしょ》）』
『詩経』
『易経（周易《しゅうえき》）』
『春秋《しゅんじゅう》（左氏伝《さしでん》）』
『礼記《らいき》』

『論語』は知名度が抜群でしょう。東洋占術に興味があるなら『易経』にも親しみを覚えるかもしれません。あとは『論語』とワンセットで語られることもある『孟子』がメジャーでしょうか。

これら9つの書物に共通するのは「儒《じゅ》」という思想です。これは孔子が主張した「仁」に基づく、より善い人間としてより善い人生を送るための根本思想です。

この「儒」を、宗教的な側面でとらえれば「儒教」と表現できますし、思想の中身を体系立てて追求しようとすれば「儒学」と表現できるでしょう。

いずれにせよ、孔子が提唱した「儒」を解説したり補足したりする書物として有用、ということでひとくくりにされたものが「四書五経」です。

しかし〝人生指南書〟の側面も持つ一方で、それ以上の価値も持つ存在です。これらの書物が記されたのは2000年以上も昔であり、その内容はさらに遡って3000年以上前の出来事にも触れているからです。つまり、歴史考証の参考書にもなるのです。

「四書」「五経」その大まかな歴史

9つの書物のうち、孔子の言動をベースに著されたものは『論語』のみで、あとは孔子と直接の関係がないとされています。また、成立年代も扱っている内容もまったく異なります。グループとして提示されずに読み進んだとしたら、これらが共通の土台を持つということも、もしかすると理解できないかもしれません。

結論から述べれば、「四書五経」というワンセットにまとめられたのは意外と遅く、中国・南宋時代の儒学者である朱熹《しゅき》が、「儒」を体系的に集大成させた「朱子学」を成立させて以降です。

朱熹は西暦1100年代後半を生きた人物なので、だいたい850年ほど前のことです。『論語』の著者とされる孔子が生きたのは紀元前500年前後なので、そこを起点にしても1600年近い時を経て、「四書五経」というグループが確定したということになります。

これだけの年数が経てば、内容の解釈方法もそうですし、そもそも書物が散逸してしまっている、という状況の変化もあります。印刷技術がなかった時代の複写方法は書き写す「写本」のみですが、そこで意図せずとも内容が改変されてしまった、ということも珍しくはありません。

大昔の書物がそのまま現代に伝えられるというのは、それだけでも大偉業なのです。

話は逸れましたが、朱子学が成立した当時に残されていた「四書五経」の〝原本〟を、さらにブラッシュアップして各書物の特徴をわかりやすくし、存在意義を高めた結果として今ある「四書五経」として生まれ変わりました。

「漢の高祖」劉邦《りゅうほう》が興した前漢が〝国教〟のような形で取り入れるまで、「儒」は、〝邪教〟というべき扱いを長く受け続けました。

支配階級が独占するのが当然だった「知識」を下層階級にも分け隔てなく教えた孔子の姿勢や、現在の政治体制を否定するような孟子の「革命」思想など、同時代には〝非常識〟とされた主張も多かったためです。

しかし「儒」が〝国教〟のような地位を占めると、中国史を彩る上級公務員試験といえる「科挙」受験に必須のテキストとしての地位も盤石となっていきます。

その総仕上げをしたのが朱熹です。

彼が生きた時代には仏教や道教といった他宗教との論争があり、儒家内部でも思想面での新旧交代の波が迫っているときでした。

そこで改めて〝国教〟としての存在感を知らしめるためにも、歴史を誇る「四書五経」の確立が新解釈を施したうえで必要とされた、という側面もあります。

教養書のトップに登っていく「四書五経」

漢の時代を通じて〝国教〟のように扱われるようになった「儒」は、清朝が滅亡するまで2000年近くの間、歴代中国王朝が支配の正当性を示す根本思想としての地位を占め続けます。最初は高級官僚候補生を養成する大学の根本教学に指定されたことからもわかるように、官僚や知識人たちが学び従うべき思想として発展していきます。

時代が下ると仏教や道教といった競合宗教の思想も取り入れながら、ますます存在感を高めていきます。

その中で発展したのが「経学《けいがく》」です。この「経」は「五経」の「経」と同じです。つまり、「五経の教えをさらに深く解釈していきましょう」という学問です。

「経」という文字には縦糸という意味があり、これは転じて人の一生や世の中といったものすべてに共通して存在する普遍的な原理、とされ、それを示しているのが「五経」だから、もっと深く研究するべきだ、というわけです。

もっとも、「経」に含まれるテキストは時代とともに変わりました。例えば「性悪説」で知られる『荀子』には、「礼・楽、詩・書、春秋」とあり、道教の『荘子《そうじ》』には「詩・書、礼・楽、易・春秋」と「六経」が記されています。

それが武帝の時代に「五経博士」というポジションが新設され、改めて「六経」に準ずるものとして『論語』などが加わり、学問体系が徐々に出来上がっていきます。

それから300年近くにわたって洗練されていった「儒教」は、唐の時代に入ると「科挙」に欠かせない存在となり、「五経」が重要テキストという位置付けになります。国家公認の解釈書が作られ、上級試験に合格するには全書物を丸暗記して諳んじられることまでが求められるようになります。

一部の世襲貴族が政治を支配していた唐王朝が滅びて宋王朝が興ると、当然ながら政治の担い手となる層も入れ替えられました。しかし王朝が交代して間もない時期は、これまた当然ですが世情が不安定です。そこで古代の理想的な社会や政治の再現を目指す「儒」は、新しい思想を取り込む形でリニューアルされ、仏教などとの競合に打ち勝って根本教学の地位を守ります。

このときに「四書」が、「五経」を深く読み込むための必読書としてクローズアップされました。立ち位置的に「五経四書」だったのが、「四書五経」と入れ替えられたのです。

この流れを主導したといえる朱子学によってその後も洗練され続けた「四書五経」は、ついに王朝時代が終わりを告げるまで、唯一無二かつ政府公認の教学として存在したのです。

〝生きる知恵の宝庫〟としての「四書五経」

知識人たちや支配者層にとっての教養書としての地位を長く保ち続けた「四書五経」。ということは、王朝が交代しても「四書五経」の地位だけは不変だったということです。

比較的長く存続した王朝の名前だけを列記してみても、

前漢↓後漢……唐↓宋↓明↓清

いずれの王朝も、支配の正当性を訴えたり、支配システムを円滑に運用するために、「四書五経」の「知恵」を頼ったということです。

各書物の特徴などは後述しますが、判断に迷ったときの決断基準あり、人生のさまざまな悩みについての処方箋あり、歴史上の教訓にするべき成功例や失敗例あり、理想的とされた太古の時代の人々の生き様あり……。

という具合で、トータルで眺めると多種多様な論述が施されていて、なるほど〝生きる知恵の宝庫〟と呼ぶにふさわしい内容です。

中には難解な表現や婉曲な言い回し、一瞥するだけでは理解しづらい論法が駆使されている場合もあり、逆にシンプル過ぎて著者の意図が読みづらいケースもありますが、そういった文言が指し示す本質を、あれこれ考えて解釈を挑む、という、〝論理の脳トレ〟のようなことまでできるのが「四書五経」の世界です。

そのようにして頭脳をフル回転させ、今までになかった知見を得たり、新たな視点を発見したり、ということを通じて、「より善い人生」を生きるための「知恵」を、どんどん吸収できる対象、といえるでしょう。

もっとも、現代人しかも日本人から見て〝?〟と思える文言もあり、「四書五経」のすべてをフル活用できるわけではありませんが、さすがに王朝交代の荒波にも耐え続け、現代に伝えられている書物だけあります。

ちょっとした解釈の工夫で現代に活かせる内容もまた、枚挙に暇がありません。

その意味でいえば、「四書五経」は、

〝生きる（ための）知恵の宝庫〟

でありつつ、

〝生きた（現役バリバリ）知恵の宝庫〟

である、と表現することも可能だと思います。

たびたび訪れた『論語』ブームと「四書五経」

日本では、数年から数十年おき、筆者の感覚では10年おきぐらいに「『論語』を見直そう」というようなブームが到来しています。

残念ながら、そういったブームのときに『論語』が含まれる「四書五経」までは興味の対象に入れられてきたとはいい難いと思いますが、『論語』が示す「儒」の教えを包括的に扱っているのが「四書五経」ですから、そうしたブームのときには多かれ少なかれ、「四書五経」全般のエッセンスに知らず知らずのうちに触れていたと思います。

そうして幾度も再評価の機運が高められてきたのは、『論語』を頂点とする「四書五経」の世界が、普遍的な〝フォーエバーグリーン〟というべき内容だからでしょう。何せ、少なく見積もっても2000年以上、廃れることなく人々の心を魅了してきているのです。

「四書五経」が普遍的であるということは、明治以降の経済界を見てもわかります。

日本初の近代的な銀行として知られる「第一国立銀行」をはじめ、現存する数多くの企業を創業・育成したことで知られる、明治時代きっての大実業家・渋沢栄一。彼には『論語と算盤《そろばん》』という著作があります。

ここでは、儲け第一主義の経営を疎み、経済活動は道徳的であるべきと唱えられ、あらゆる企業は社会貢献できなければならない、といった主張が盛り込まれています。

書名からわかるように、渋沢は『論語』の内容を経済活動に応用する体裁で、自らの経済理念を作り上げ、それを書物にしています。

彼のみならず、現在に至るまで、自分の会社を一流企業へと育て上げた名経営者や、世間に知られる業績を残したビジネスマンなどには、『論語』を愛読書に掲げているケースが数多く見受けられます。また、直接的に「四書五経」の影響に言及していなくても、その行動や言動に「儒」を感じさせることも少なくありません。

後者の典型として、「経営の神様」と称賛された松下幸之助を挙げましょう。

彼の経営理念は「共存共栄」でしたが、これは「自分の利益と同じく他人の利益も考える」ことでもあります。この「他者利益」は渋沢が著書で触れていた徳目でもあり、つまり『論語』で述べられている内容でもあります。

自分が経営者であったり敏腕ビジネスマンではなくても、自分の人生をより豊かにするためのヒントが、「四書五経」には数多く詰まっています。だからこそ、再評価の機運が何度も何度も高まってきたのではないでしょうか。

日本でもっともなじみ深い「四書」の筆頭格『論語』

内容はよく知らなくても書名だけは知っている……おそらく10人が10人こう答えるであろう書物の代表格が『論語』です。

これは孔子の著作とされていますが、厳密には孔子の作品ではありません。『論語』は全20篇から成りますが、孔子が体系立てて語ったわけでもありません。

確かに孔子の思想をベースに、孔子の言葉が散りばめられた書物ではありますが、成立したとされているのは孔子の没後１００年ほどが経過したころ、といわれています。

テキストは基本的に、

「先生（孔子）はこう表現しました」

「かつて先生はこんな発言をしたそうです」

「誰かに質問されたときの先生の答えはこうでした」

「先生に質問したら、こんな答えが返ってきました」

というフォーマットで書き進められているものが中心で、孔子と弟子たちとの対話集といった趣です。おそらく弟子や孫弟子といった孔子に近い人物たちが、生前の師匠を追慕するように記録していったものを集積したもの、と推測されています。

また、もともと各篇に表題は付いていなかったと思われますが、内容が整理・統合される過程で、わかりやすく篇名が付けられました。とはいえ凝ったものではなく、「学而《がくじ》」のように基本的には各篇冒頭に記された2文字を採っています。

『論語』は当初から一定の意図をもってまとめられた書物ではありませんが、孔子という一思想家の理念を集約した内容であるため、通底したテーマは存在します。

それが「仁」です。

抽象的な概念なのでシンプルに解説すると誤解も生じかねないのですが、あえて記すなら次のような心のありかたや行動規範を指したものといっていいでしょう。

・自分も他人も分け隔てなく心の底から愛する
・物事も人物も正しく健やかに育む
・自分の利益だけではなく他者の利益も考えて全体の調和を重視する
・自分というものを確立したうえで周囲と調和する
・何かを得たいと思ったら先に苦労をする

これらを確実に実践できるための心構えや身の振り方を説いたもの。それが『論語』です。

「性善説」でおなじみの『孟子』

『論語』に比べると日本での認知度は残念ながら低いものの、〝本場〟中国では長く『論語』と並ぶ最重要教養書として認識されているのが『孟子』です。

とはいえ、『孟子』が「四書」の一員として現在のような地位に登ったのは、宋王朝時代に「四書」の地位が高められて以降のことです。

当初の『孟子』は、数ある思想書や教養書の中で、「その他大勢」にカテゴライズされるような粗末な扱いを受けていました。

ところが時代が下って、著者とされる孟子が「孔子の正当なフォロワー」という認識が定着してくると、状況が様変わりします。朱熹が『孟子』を〝格上げ〟して「四書」に加えたのですが、その一変ぶりもすさまじく、「四書五経」から作られる科挙に出てくる出題頻度で『論語』を上回るようにまでなりました。

孔子の思想と孟子の思想をワンセットにして「孔孟思想」と総称することがありますが、もともと孟子自身が孔子のフォロワーと自覚していたかは、定かではありません。

ただ、後世から見ると孟子の主張は、彼が生きた時代に合わせて孔子の思想をリニューアルさせたようにも見えたため、いわば「進化版『論語』」が『孟子』だという認識は、古くからされていました。だから「儒」の進化と強化を狙う朱熹の目に、『孟子』は決して軽視できないテキストと映ったのでしょう。

孟子も孔子と同じく「仁」の重要性を説いていますが、『論語』が理想を理想として語っているのに対して『孟子』は、とにかく理想を実現させることへの執着が強く滲み出た書物です。「仁」に基づく理想的な政治を「王道政治」といいますが、この実現のために欠かせない前提として、孟子が打ち出したのが有名な「性善説」です。

最低限度の生活が保障される社会が王道政治実現のスタート地点で、そのために誰もが安定した収入を得られること。それを可能にするのは教育で、これによって「人の道」も教える。これらが満たされれば心も安定する……。

このような社会を実現できるのが聖人です。聖人が誕生するには、「生まれつき人が持っている性質は善」という前提が外せなくなります。天性で悪なら誰も聖人になれないからです。だから「悪」は後天的に身につくものだ、つまり教育しだいで人は聖人にも悪人にもなる……というのが、孟子が唱えた「性善説」の中身です。

このように人間の本質にまで言及したのは、孔子と孟子の大きな違いでもあります。

後から特に独立させられた『大学』『中庸』

「四書」に名を連ねてはいるものの、もともと独立した書物ではなかったのが『大学』『中庸』です。

特に『大学』は、日本にもある「大学」の名前の由来でもありますし、最高学府で学ぶにふさわしい内容を収めた書物とされてきました。だから最初から重要なテキストとして存在していたような雰囲気を漂わせていますが、実は本書でたびたび登場する朱熹が、後述する「五経」の『礼記』から一部を取り出し、わざわざ独立させたものです。

朱熹は政治家に必須の要件として、自らを修めているべきだと考えた人物でした。つまり高度な徳を備えていることが必要、というわけです。徳を備えた人こそ家を安んじることができ、それを可能とする人物こそが国家を運営するに値し、そうした人物に導かれれば世の中に太平が訪れる、という論法です。

戦後日本でこの単語を持ち出すと苦い表情をされることもあるのですが、「修身」こそ、朱熹が求めた平和な社会実現の基本でした。自分から進んで自分自身を磨き上げる努力と鍛錬を積んでいくことが本来の「修身」です。こんな由来を知れば「道徳」などという言葉と「修身」という言葉が同じような意味で用いられていたことも理解できます。

「己を修め、人を治む」

「修己治人《しゅうこちじん》」が政治の基本理念としての儒教の核心だと信じる朱熹が、この言葉が載せられている『礼記』の一部分を、特に独立させる必要性を強く感じたのも道理です。

『大学』の著者が誰なのかは今もって謎です。内容から孔子の高弟やその弟子が記録したものともいわれていますが、もっと時代が下ってから作られた、とする説が有力です。

余談ですが、かつてはどの学校の片隅にも銅像が置かれていた二宮金次郎。薪を背負って書物を読む彼の手にあったものこそ『大学』です。

『中庸』もまた、もともとは『礼記』の一部分でした。

『大学』と違って古くから半ば独立した扱いを受けていたようですが、ハッキリと独立した書物としての地位を定め、おまけに「四書」の一員に加えたのは、やはり朱熹です。

著者は孔子の孫だと、司馬遷の『史記』に記されていますが、こちらも諸説あり謎です。

『中庸』は、どちらにも偏っていない「中」こそ常道、という意味に解釈されたり、偏りがない考えや方法を採用する、という意味に解釈されたりしますが、いずれにせよ主張されている内容は「仁」に通じる「徳」の重要性と、偽りなき本来のままの姿を意味する「誠」の重要性です。

〝温故知新〟を地で行く『書経』『詩経』

『書経』というタイトルから、書道などとの関連が深そうだと類推してしまいますが、内容は伝説の時代に始まる古代中国の政治哲学を集大成したものです。

なぜこれが「五経」に含まれているかというと、「儒」が目指す理想の政治と政治家は、そんな上古の時代に現出していた、とされているからです。

だから、伝説の帝王や名補佐役の行動や言動は、そのまま自分たちがお手本にすべき内容です。

『書経』の名前で呼ばれるようになったのは宋王朝時代以降ですが、成立はかなり古く、「はじめは単純に『書』と呼ばれていた書名が、漢の時代には特に『尚書《しょうしょ》』とされています。

『尚書』と名付けられた理由には諸説ありますが、「過去の賢人たちの記録」というような意味合いを持たせるため、と推測されています。

堯《ぎょう》や舜《しゅん》といった伝説上の聖人たちや、彼らをサポートした賢人たちにはじまり、歴代王朝で聖王と称えられた君主たちの軌跡。一方で、周に続く春秋時代の君主についても言及している部分もあります。このことから連綿と紡がれ、なおも続編が次々と書き加えられていた、現在進行形の内容だったこともわかります。政治の手本の見本市と呼ぶにふさわしい内容で、「五経」入りしたのも当然でしょう。

片や『詩経』は、古くは単に『詩』と呼ばれた書物です。タイトルの通り数多くの「詩」が収録されていて、恋愛歌や農作業のときにみんなで歌ったと思われるようなものも載っています。

これが「五経」に加えられているのは、大昔は歌や音楽が、私たちには想像もできないほど神聖な存在として認められていたことと無縁ではないでしょう。

『詩経』は、ほかの「四書五経」仲間とは一線を画した特色を持っています。基本的に政治や生き方などと関係なさそうな言葉が連なるのだから当然です。

そこで『詩経』は、大昔の中国の人々がどのように生活していたのか、そんな背景を探るための良質な史料ともなります。躍動感ある人々の心の動きも読み取れます。また、後に大成する漢詩の作り方やその基本が、ここには詰まっています。そういう点から『詩経』は、「修身」の手助けになる情操教育にも、大いに役立てられたのではないかとも考えられます。

このように『書経』『詩経』は、「古き良き時代に学ぶ」という傾向が強く感じられる書物です。

「古きを温ねて新しきを知る」

これは『論語』に収録されている有名な言葉ですが、まさに「温故知新」を地で行くような内容の書物といえます。

八卦占いで日本でもよく知られている『易経』

『易経』はピンと来なくても、占いとしての「易」は、内容を知らずとも名前だけは知っていることでしょう。『易経』は「易占い」の根本テキストでもあります。

別名の「周易」に見られるように、易の起源は相当古く遡ることが可能です。中国では夏、殷、周……と王朝が交代していきますが、古代社会を長く支配し続けた王朝こそ周で、その時代に政治や戦争の行く末を判断するツールとして、さまざまな占術が発展しました。そのひとつで代表的な存在といえるのが「易」です。

成り立ちからわかるように『易経』の内容は、基本的には占いの結果が何を示すのかという結論をまとめた書物です。しかし今日、「五経」のひとつとして知られているのは、その内容に処世訓を読み取った朱熹をはじめとする後世の学者によるところが大です。

神話の時代に「八卦」が作られ、同じく神話の時代にもう一組の「八卦」を重ねた「六十四卦」が考案されました。陰か陽かを示す横棒（爻《こう》）を3つ縦に並べると8種類の並びが作れますが、これが「八卦」です。コンピューターの基本単位である1バイト（8ビット）と奇しくも同じで、「易」は陰と陽の2進法で作られているともいえます。

それぞれに吉凶や善悪、陰陽や剛柔といった判断をするための相反する文言が添えられ、また、構成する各爻にも同様に文言が添えられています。ひとつひとつは短いながらも豊富なテキストが並べられている、ということです。

書かれているのは占い結果ですから、今後どうすればいいのか、今後はどのようになるのか、といった言葉が散りばめられています。それを少し深読みするなどすれば、たちまち人生の岐路に立たされたときに読むべき書物、に生まれ変わるのです。

実際にそうして『易経』は、朱子学の成立などで「儒」が大きく飛躍的に進化した時代に〝リニューアル〟されています。解釈を施すことによって存在価値が段違いに高まったのです。

ちなみに、一世一代の大勝負をかけようというさまを「乾坤一擲《けんこんいってき》」と表現します。唐時代の詩人の作品がネタ元です。

そして、この「乾」「坤」は『易経』に由来します。

「乾」は陽3つを重ねた卦で「天」「父」などの意味があり、逆に「坤」は陰3つを重ねた卦で「地」「母」などを意味します。

つまり「乾坤一擲」は、天と地＝自分のすべてを賭けてサイコロを投げる、というような意味になるのです。

『春秋』は孔子の母国が舞台の現代政治史

『春秋』もまた、強烈な個性を放つ書物といえます。

ここに記されている内容は、孔子の母国の、孔子が生きた時代も含んだ同時代史だからです。扱われているのは紀元前700年ごろから、時系列に沿って紀元前500年ごろまでの200年間です。孔子の母国・魯《ろ》を中心に記され、王の代替わり、天変地異、他国との戦争などといった出来事が、淡々と事実関係だけを記録するフォーマットで書かれています。

この不要な部分をできるだけ削ぎ落して要点のみ書き残すというスタイルは、「春秋の筆法」と呼ばれるもので、私たちが業務上のメール作成などで参考にできるかもしれません。

『春秋』は、当然と思われていることや常識とされていることなどは書かないという方針で貫かれていて、特記事項のみを抽出しているようなものですからシンプルです。

しかしシンプル過ぎるのも困りもので、当時はそれで理解できた記述でも、後世になると理解しにくいようなところも出てきます。

そこで注釈書を作ろうということになるのですが、これまた解釈の違いなどで代表的なものでも3つあります。本書では、そのうちもっとも広く読まれてきた『左氏伝』を用いています。『左氏伝』が広く読まれてきたのには、「儒」を中心に据えた政治を推進したいという勢力の後押し、などという要因もさることながら、注釈を入れた人物自身が、自らの手で集めた最新の資料を基に、豊富な解説を施していることにあるでしょう。

単なる注釈に留まらず、補足をタップリ入れ込んだものが『左氏伝』といえます。そのためどこまでが原本の記述なのかわかりづらいケタ違いのボリュームになっています。

それはさておき、書物の終盤になると孔子本人も作中に登場するので、儒家たちは古くから、『春秋』は孔子の手が加えられている、と唱えていました。いやいや孔子本人の作品だ、という意見までありました。

春秋時代の様相を細かく知ることができるということに加えて、どうやら「儒」の開祖が関わっているようだとなれば、「儒」の世界において占める地位が相当に高くなるのも必然です。

そういった経緯から「五経」の仲間入りをしているわけですが、身内の〝ゴリ推し〟だけが取り柄なのかといえば、そうではありません。

先にも記したように『春秋』の特に『左氏伝』は、豊富な同時代資料で補った春秋時代の現代政治史書でもあります。そのため現代でも、春秋時代を研究するうえで欠かすことができない貴重な歴史資料として利用されているのです。

あらゆるTPOでのマナーを学べる『礼記』

『礼記』は古代のマナー全集のようなものです。「礼」に含まれるさまざまな事柄が記載されています。

「礼」というと「礼儀」「儀礼」といった言葉を連想しますが、だいたいこれらの言葉とともにイメージした内容が書かれていると思っても間違いではありません。

しかし、ひと言で「礼」と書いても、その「礼」が示す内容は多岐にわたります。そのこともまた痛感させてくれるのが『礼記』といっていいでしょう。

日常生活における道徳的な事柄もあれば、宮中儀礼で守るべきマナーもあり、宮中儀礼の進行プログラムに言及しているかと思えば、家庭内で執り行う各種儀式を進めるうえでの心構えまで記されています。

こうした「礼」と聞いて思い浮かぶ内容のみならず、「欲望には歯止めが必要」などという文言に示されるように人生に対する「礼」や、どこまでを「礼」というのかというような、ある意味で痒い所に手が届く内容まで含まれています。

この『礼記』が「五経」の仲間入りをしたのは、古代から脈々と受け継がれてきた儀式の中身や儀礼に対して「儒」がどう思うか行動するか、という説明を施した内容だからで、『論語』ばりに「孔子はこういった」というような記述も散りばめられています。

逆に『論語』でも「礼」に言及した文言は散見されるのですが、もともと孔子が唱える「仁」そのものに、他者や社会に対する「礼儀」に関することも含まれているので、誰が先に『礼記』を作ったなどという論争は抜きにしても、孔子の主張との親和性が最初から高かったといえるでしょう。

孔子の主張を補強するような内容を持つのが『礼記』ですから、そこから思想の核心と判断された部分が独立して『大学』が成立したというのも、ある意味では当然だったのかもしれません。

ところで「礼」には2種類あります。一方通行なのか双方向性を持つのか、という違いです。

例えば戦争で降参するなどという場合、敗戦国が戦勝国に示す「礼」は一方的です。相手からの答礼は必要とされません。初詣で神社にお参りするのも形としては同じでしょう。

一方で条約を結ぶなどという場合、当事者双方がお互いに「礼」を示します。

いずれにせよ必要とされるのは「心から相手を思いやっているか」です。「仁」を態度で表現したものですから当然です。しかし後代、この「礼」が単なる暗記の対象となって形式主義に陥るという危機にも見舞われました。私たちはそれを教訓に、「形だけ」には陥りたくないものです。

第1章

「四書五経」で肩の力が抜けた新たな自分を作り出そう！

ヒントや答えは〝基本〟が教えてくれる

40年も生きていれば、思いもよらぬタイミングで無理難題が自分の身の上に降りかかったり、自分の経験や知識では解決できなさそうな壁にぶつかったり、といった経験も数多く積んでいると思います。そして、そのようなケースには、長く生きれば生きるほど巡り合うと思います。

あまりにも想定外の事柄だと、どうしようと解決策を考えるより、諦める気持ちのほうがすぐに勝ってしまったりもします。いずれにせよ、そんなときには、結果はどうあれ一刻も早くこんな状況から抜け出したい、とも考えているでしょう。

そういうハードルに出会ってしまったときは、『孟子』に書かれた次の言葉を思い出せば、少しはクールダウンできるかもしれません。

「道は爾《ちか》きに在り」

ここで孟子がいう「道」は、「人としての正しい道」です。これは「人が生きる道として選ぶのに正解の道」というように言葉を換えることができます。そこで少しひねって解釈すれば、これは「正解にいたる道」という意味にも取れるでしょう。

孟子は「正解はすぐ近くにある」といっています。

それなのに、多くの人は、それを探し出すのが難しいと思い込んで、

「而《しか》るにこれを遠きに求む」

「遠くにあるはずだ」と考えてしまう。だから見つけられない、と述べています。先の言葉に続けて孟子は、

「事は易《やす》きに在り。而るにこれを難《かた》きに求む」

と述べていて、簡単なことを、思い込みなどからわざわざ難しくしている、と指摘します。

何かの問題や壁にぶつかったら、一度ぐらいは「もしかしたらシンプルなことなのに、大事のように勝手に思い込んでいるのではないか？」と自問自答してみると、それまで思いつかなかったような解決策や、解決への糸口が思い浮かぶかもしれません。

物事を成し遂げるための近道は意外と単純な身近に法則で示されている、という主張は、『大学』にも見ることができます。

「物に本末有り、事に終始有り。先後する所を知れば、即ち道に近し」

「物事には先にすべきことと後からすべきことがあり、何事にも始めがあって終わりがある。何が先で始めで何が後で終わりなのかを理解していれば、それは正解を導き出す近道だ」というような意味です。

この前後や終始の区別がついていないことを「本末転倒」といいます。こちらは「四書五経」が出典ではないのですが、道理に適っていないからおかしな結果を招き入れることになるという意味ですから、『大学』が意図するところとも重なります。

『大学』の内容をもう少し詳述すると、この言葉が示す「本」とは、別のところで示されている、**「明明徳」**を指します。これは輝かしい徳性を本来あるべき輝きで示すことという意味で、朱熹がわざわざ『礼記』から『大学』を独立させるのに大きく影響を与えた文言です。

それでは「末」は何かというと、

「新民」です。英語で直訳してしまうと某人気SFアニメに登場する「ニュータイプ」となってしまいますが、意味合いとしては劇中の設定も、実はそこまで大きく逸れているわけではありません。

話を戻すと『大学』はこれを、「明徳」によって教え導かれて一新された人民、と定義しています。

誰かの指導によって人々の心が正しく改善されるというのは、それを可能にする正しい心が指導する側に育まれているからで、その逆はあり得ません。

教科書も手本もないのに、いきなり何か大きなことを成し遂げられるような人はいないと思います。その成就のためには適切な手引きをしてくれる存在が必要です。

こうして考えてみれば、何かを成し遂げたり実現させたりしたいなら、それを可能にする土台作りが欠かせない、ということになるでしょう。

家を建てたりするのにも、まず必要なのが基礎固めです。このことは人生全般にも当てはまります。

人生のいろいろな局面で、私たちは「基本が大切」ということを見聞きしてきたと思います。特に何かの習い事やスポーツを始めたばかりのときなどは、先生やコーチなどから「基本」という言葉を何度も繰り返し伝えられたと思います。

何をするにもベースとなるものが欠かせないのは、これまで見てきたように当然のことですが、あまりにも当たり前すぎてかえって忘れてしまうケースも、よくあります。

そこで頭の片隅にでも置いておきたい『論語』の言葉が、

「本を務《つと》む」

です。ほとんど説明の必要はないというくらいシンプルかつ的確な指摘ですね。

基礎固めをしっかりすることの重要性を、「四書五経」の筆頭格といえる『論語』も説いているのです。

何事も基本からコツコツ進めていこう

たまにニュースや評論などで使われることがある「惻隠《そくいん》」という熟語があります。「惻隠の心」「惻隠の情」などといった表現で用いられますが、正しくは「惻隠の心」です。

この出典は『孟子』で、そこにはこう記されています。

「惻隠の心は仁の端《はし》なり」

「惻隠」というのは、人の心の内を慮《おもんぱか》る思いやりのことです。そうした気配りができるかどうかが、「儒」が目指すところの「仁を備える」スタートラインだということです。

続けて『孟子』には、

「羞悪《しゅうあく》の心は義の端なり」

と書かれています。「恥」というものを知ることが「義の心」を自分のものとするための出発点ということです。世間に対して顔向けできないような失態を犯してしまったとき、それを素直に恥ずかしいと思えるかどうか、ということです。

「義の心」とは、日本人になじみが深い「誠実さ」と置き換えても意味は通じると思います。

さらに孟子は続けます。

「辞譲《じじょう》の心は礼の端なり。是非の心は智の端なり」

「辞譲」とは謙遜する奥ゆかしさのことです。この心を持っていることが「礼儀」を本当に理解するための土台となります。

そして「是非の心」は善悪を正しく判断できる心のことです。物事を正確に見通せる能力を備えることが、本当の知恵を会得する基礎となります。

お気づきの読者もあるかと思いますが、ここで掲げられた徳目は、「儒」の教えの根本ともいえるものです。

聖徳太子の時代に制定された日本初の位階制度は「冠位十二階」です。これは上から順に「徳・仁・礼・信・義・智（さらに上・下で区分）」と定められていました。最上位の「徳」を除いて、以下はそのまま「儒」が教える人間が備えるべき徳性です。こんなところにも、「四書五経」が古くから日本に及ぼしていた影響がわかります。

話を戻しましょう。

他人の不幸を目の当たりにして抱く同情心は、ほぼすべての人が身につけていることと思います。相手に不幸が訪れていなくても、相手の立場などを思いやって行動したり発言したりするケースは多いと思います。そういった他人の心境や境遇への思いやりが「惻隠の心」です。

孟子は「性善説」を唱えた人物です。彼は人間が「惻隠の心」を有する資格を生まれつき持っていると考えました。これこそ「性善説」の根本思想です。そのため孟子は、「惻隠の心が身に備わっていないならば人間ではない」とまで断言しています。もちろん、羞悪の心に辞譲の心、是非の心も同様です。

つまり、生まれつき持っているはずの正しい心を素直に育めば、誰でも理想的な人物になれるといっているわけです。つまり基本からコツコツ、です。

ただし、それは自然な心の動きに委ねられていて、はじめて「正しい」といえます。功名心や名誉欲などが邪魔をして見せかけの「惻隠の心」を出してしまうようであれば、当然ながら「惻隠の心」を備えているとはいえないのです。

この本当の「惻隠の心」と見せかけの「惻隠の心」のせめぎ合いは、慈善活動などの場で表れやすいのではないでしょうか。

筆者は若いころにボランティア活動に励んだ経験があるのですが、そのときに「褒められたい」とか「よく思われたい」と考えて行動していたわけではありません（本当です！）。

仮にそういった動機が入り込んでいたのであれば、それは見せかけであって「慈善」ではなく「偽善」になっていたと思います。

今になって「あのときはよかった。楽しかった」と思えるのは、見せかけではない心の動きでそういった活動をできていたからだと思えます。

チャリティやボランティアについて論じられるとき、必ずといっていいほど「偽善か否か」ということが取り沙汰されますが、不完全であっても少なからず「惻隠の心」が発揮できているのであれば、それは「偽善」にはならないのではないか、と個人的には考えています。

また話が脱線してしまいました。

先に見た4つの心が先天的に備わっているということを前提に、孟子は話をさらに進めます。

「4つの基本的な心を備えていて仁・義・礼・智を実践できないならば、それは自分で自分を殺しているようなものだ」

さらに、

「4つの基本的な心を備えていれば、さらに幅広く仁・義・礼・智を自分のものにすることが可能だ。それが十分にできないというのであれば、もっとも身近な父母さえ満足させることはできない」

とまでいい切っています。

孟子の主張に従って言葉をひも解いてみれば、普通に持っているものを普通に活用する、基本を軸に積み上げていく、という単純なことなのですが、言葉で示されるほど実践することが単純ではないからこそ、このような教訓が残されたのかもしれません。

「できない」と「しない」は大違い

やんわりとした断り文句の定番として、

「すればできるけど……（しない、したくない）」

というような言葉に触れたことがある人も多いでしょう。

過去に似たような経験があって、それでも手を出したくないなら「したくない」になりますが、同じような経験をしたことがないにもかかわらず、自分の能力を過信してこの言葉を口にする場合、それは状況や条件によってはウソということになります。経験がないのだから、できるかできないかを判断できるはずもないからです。

それはさておき、「できない」ことと「しない（したくない）」ことを混同してしまうケースは、身近なところで意外と多く見受けられると思います。

このことを孟子は次のように戒めます。

「為さざるなり。能わざるに非ざるなり」

「しないというのは、できないというのとは意味が違いますよ」というような文意です。

「しない（したくない）」という場合、それを口にする人には、「経験がある」「経験がない」の2通りを考えることができます。

一方で「できない」は、何らかの理由があって果たせなかったという、失敗した経験があるはずです。つまり「できない」という場合、すでに挑戦したことがあるという実績を持っていることになります。

しかし、「しない」＋「経験がない」の場合、成功や失敗以前に挑戦したという実績すら持ち合わせていません。

この経験の差こそが重要で、孟子だけではなく「儒」の教えでは、結果はともかくトライしてみることのほうが、失敗を恐れて何もしないよりはマシだ、と教えています。

そう見ると、先の言葉からは、「何もしなければ何も結果が出ない」というような意味も汲み取ることができます。

さらに意訳すれば、何かの結果を求めているなら行動しなければならない、ということになります。

そう考えれば、似たような経験を持っているときの答える側の返事としては、「（経験があって）すればできる（とわかっている）から、する」と承諾するのが〝正解〟ということになるでしょう。

このように行動することの重要性を「儒」が説いているのは当然でしょう。

その究極の目的は、「修練によって善き人物になって善き社会を実現させる」ことですから、修練するにも理想の実現のためにも、まず必要とされるのが行動だからです。

何が何でも結果として正解だけを導け、とはいわれていませんし、そもそも孔子も孟子も、トライアンドエラーで現代に名を残している人物でもあります。もちろん失敗だって経験しています。

例えば孔子は若い時分、当時の常識でもあった官僚として立身出世する夢を見ていましたが果たせず、自らの思想を実現してくれそうな君主を求めて放浪します。

しかし、意中の君主とはなかなか出会えず、かえって厄介者扱いされるような憂き目にもあっています。

故郷が恋しいのに帰郷することもままならず、ようやく郷里に舞い戻ったのは晩年のこと。

そういう感じで孔子の人生は、全般的に私たちから見れば、順風満帆でもなければ恵まれた環境にあったわけでもありませんでした。

それでも孔子は、自分の理想を信じて、自分の夢を実現しようと前に進み続けた人物です。

その結果、後に紹介する「余慶」ではありませんが、現代にいたるまで脈々と彼の思想が受け継がれ、孔子の名前は不朽のものとなっています。

私たちが孔子から学ぶべきは、その思想の中身よりも、不屈の諦めない心、なのかもしれません。そして、それを体現するという意味で、行動することの重要性を、いつも心に留め置くといいのかもしれません。

トライアンドエラーの精神ではありませんが、必要があれば試してみるべきだ、という主張は、『書経』でも確認できます。

「慮《おもんぱか》らずば胡《なん》ぞ獲《え》ん、為さずんば胡ぞ成らん」

孟子の言葉を補足するような文言です。

後段は「何もしなければ何も得られない」という意味で、これまでに説明してきた内容とも重なります。

前段は、「何かを得たければ、よくよく考えなさい」というような意味です。きちんとした計画や計算をして、それから行動する。そうすることで、よい結果を招きやすくなる、ということです。

2つの言葉を合わせれば、

「経験があることなら、それを踏まえてよく考えて実行する。できなかったことなら原因を究明する。そうして計画を立てたら行動する。そうすればよい結果が生まれやすい」

というようなものになるのではないでしょうか。

「楽をしたい」は安定志向ではない

歴代内閣や日本銀行の発表とは裏腹に、ずっと不況が続いているという感覚を多くの日本人は拭い去れないと思います。「失われた20年」という言葉も空しく、超高齢少子化社会と格差社会という2つの大きなキーワードのもと、その失われた期間は30年を迎えようとしています。

そういった先行き不透明な時代に生きているからこそ、私たちの周りでは、「楽をしたい」「楽になりたい」という言葉も日常的に行き交います。

ここで注意したいのは、「楽をしたい」と「楽になりたい」の差です。これらの言葉を口にするとき、その違いに留意することもほぼないかと思いますし、それで誤解を受けることもほとんどないでしょう。しかし、『春秋』の一文を見ると、その差の大きさに気づかされます。

「懐《かい》と安《あん》とは実に名を敗《やぶ》る」

「懐」とは「楽をしたい」と思う心のありかたです。そして「安」は、今の状態に安住すること、つまり現状に満足していることです。「名を敗る」は名前を残せないというような意味で、成功できないということを指します。

つまりここでは、「楽をしたいと思ったり、現状に甘んじたりしているようでは成功を望めない」と断言されているわけです。

「楽をしたい」というのは、実はNGだったのです。

なぜかという理由をひも解いてみましょう。

「楽をしたい」というのは、自分から積極的に何かを働きかけて状況を改善するというようなポジティブな発想ではありません。

「川の流れに身を任せ〜」ではありませんが、周囲が変化したり、他人が自分のために何かをしてくれるという希望的観測から出る表現なのです。

一方で「楽になりたい」はどうでしょうか。口にするときの心境によっては「楽をしたい」と同じ意味で使われることもあるかと思いますが、概ね、「自分で何かをして、とにかく現状を打破しよう」という意欲が隠されていることと思います。

突き詰めれば、「楽をしたい」と「楽になりたい」は、対極にある言葉といえます。

そして「楽になりたい」は、当然ですが「懐」ではありませんし、現状に満足していないのですから「安」でもありません。少なくともストレートに「名を敗る」には向かっていない心のありよう、といえます。そして名を得る＝成功できることによって、はじめて安定はもたらされるのです。

夢や目標に向かうため必要なこととは

人は誰でも、そのときどきで叶えたい夢や実現させたい目標などを持っていると思います。気宇壮大なものではなくても、日常生活の中のささやかな願望も、たくさん持っているでしょう。

そういった夢や目標を実現させるのに、何よりも大事なのは計画性や持続力だ、というようなことは、あちこちで主張されています。

『書経』は、そうしたことも含めて欠かすことができない大前提を示しています。

「功の崇《たか》きはこれ志、業の広きはこれ勤」

「功」は功績の、「業」は業績のことで、どちらも「自分が何か行動した結果」と捉えることが可能でしょう。

『書経』は、「高い功績は同じように高い志から生まれる。幅広い業績は、同じように幅広い勤勉さがもたらす」というのです。

考えてみれば、夢や目標も、それを実現するために必要な計画性や継続して努力する心構えも、「何が何でもそうしたい」という強い心がなければ生まれてはきません。そして、その強い心に支えられたしっかりとした足取りが、自分が求めていた結果を生み出すのでしょう。

強い信念のようなものがあるからこそ夢や目標が設定されるのでしょうし、同じようにしっかりと練られたプランを作り上げられるのだと思います。

そうなると、より重要なのは夢や目標そのものよりも、それを実現させたいという目的意識、ということになるのでしょう。

「ニワトリが先か卵が先か」ではありませんが、少なくとも何かを計画的に成し遂げようとする場合、その動機付けに対して、まずは自省してみる必要があるのかもしれません。

朱子学の後に発展した有力な〝新興儒教〟で、江戸時代以降の日本にも朱子学と同等の影響を与えた「陽明学」の開祖・王陽明。

彼もまた、同じ「儒家」の立場で、強い目的意識の重要性を説いています。「四書五経」には含まれていませんが、参考までに紹介します。

「志立たざれば、舵なきの舟、銜《くつわ》なきの馬の如し」

「志がないなら、舵が付いていない船、轡を嵌められていない馬のように、あてもなくさまようだけだ」というような意味ですが、ここでの舵や轡は計画で、船や馬は自分自身と当てはめることも可能でしょう。

もっとも重要視すべきは「団結力」

日本人は、その国民性から個人競技より団体競技に向いていると指摘されることがあります。

たしかに、野球の世界では単純な身体能力で敵わないと思えるような諸外国と対戦して何度も世界一に輝いていますし、ラグビーも２０１５年イングランドワールドカップで、「世紀の番狂わせ」と世界中を驚かせた値千金の勝利（ＶＳ南アフリカ戦）を現出させています。

柔道や卓球などといった競技でも、個人戦より団体戦でより高いモチベーションを発揮する選手も多く、それに見合った結果を出しては日本中を喜ばせたりしています。

そうして結果を残したチームを見ていると、いつも思うことがあります。それは「お互いがお互いを信頼している」ということです。仲間がたとえ失敗したり負けたりしたとしても、その結果について罵ったりしません。「お前のせいで自分の負担が増えた。勝つための責任が重くなった」などと非難するような選手も見たことがありません。

『孟子』は、この「団結力の重要性」を説いています。これは比較的知られた言葉でもあります。

「天の時は地の利に如かず、地の利は人の和に如かず」

「天の時」とは絶好のチャンスというような意味です。孟子は、絶好のチャンスなどという曖昧としたものは、ハッキリしている地の利を活かせる立場には及ばない、としています。

さらに、そんな地の利を有していたとしても、相手が固く団結していたらそれには及ばない、としています。

下馬評で不利とされつつも日本中に喜びの瞬間を与える劇的な勝利をつかみ取る団体競技の出場選手たちは、まさしく『孟子』の言葉をわかりやすく伝えてくれている存在といえます。

そして、ここでいう「チーム」というものにも含まれるのは、実際に試合をする選手だけではないはずです。補欠選手もいればサポートスタッフがいて、何より戦術を立ててくれる監督や技術向上を支えてくれるコーチといった存在もあります。

もっと広げれば、自分たちのチームを支援してくれる人々、心の支えとなってくれる家族といった存在も、大きな意味でチームの一員といえるでしょう。

大きな視点で見れば、人は誰もが自分だけで生きてはいない、ということだと思います。

だからこそ周囲と信頼関係を築き、何かあれば感謝する、といったことを、お互いにし合う必要があるのだと思います。

そうして結束を強めていれば、いきなりチャンスが訪れたりしても確実に活かせる、ということになるのでしょう。

将来までを見据えて正しい心と行動を

ここで紹介する『易経』の言葉は、かつては折に触れて教訓として好んで使われたようです。

「積善の家は必ず余慶あり」

「善行を積み重ねている家には、ご褒美のようにいいことが訪れる」というような意味ですが、「善行」とは読んで字のごとく「善い行い」であり、人として正しい行動ということです。それを継続しているならば、家にいいことが起きるというわけです。

だからといってこれは、「いいことをしている自分自身にいいことが起きる」という意味ではありません。

「余慶」が訪れるのは、善行を積んだ人の子孫に対してです。だから「家」は「住居」ではなく「家系」などの言葉で示される意味を指します。

また、子孫に訪れる「慶」は、経済的なものといった目に見えるものとは限らず、何かしらの有益なこと、です。「正しい行いをする」ということを家訓のように守り続けている家は、子孫が繁栄するというのです。

もっとも、代々が善行を積んでいたのにドラ息子が登場して呆気なく一家の命運が暗転してしまうということもありますが、この場合は善行を積むことを守らなかったドラ息子に非があるのであって、善行を積んでも報われない、と結論づけるのは早計でしょう。

自分自身には何の影響もないなら、善行を積むことなんて関係ないのでは？

しかし、そうして子孫に思いを致さないでいると、子孫どころか自分自身が咎を受ける羽目になるのだとしたら、少しは考えを改めよう、という気になれるかもしれません。

先祖の盛名のおかげで子孫が恵まれた環境に置かれる、ということは古今東西、決して珍しくはないことです。

例えば江戸時代は、初代将軍・家康の創業を大いに助けた家の多くが大名に取り立てられたりしていました。近世以前の武家で名家とされた家のほとんどは、先祖の誰かが絶大な功績を挙げ、その子や孫も世間が認める働きを見せていました。

近年で見ても、例えば大きな実績を上げた政治家の家に生まれて、その〝看板〟で比較的スムースに政界入りできる、というような例は枚挙に暇がありません。もっとも、それが先祖の「善行」のおかげとは、必ずしもいい切れないケースもありますが。

子孫を思って善行を積むというのは、「善行に自分自身への見返りを求めるという邪心を抱くな」という戒めも含まれていると思います。

今から建てる家の設計図を道行く他人に任せる？

何かを成し遂げようとして計画を立てるとします。

その計画を練るのに、自分のアイデアだけでは心許ない……そんなときに周囲に意見を求めるのは、誰もがしていることだと思います。

そのとき、相談する相手として、どのような人物を選んでいるでしょうか？

自分との関係性や相手の立場などは脇に置くとして、選ぶ基準として多く用いられているのは、その人物が持つ知識や経験だと思います。自分に不足している何かを補ってくれると思えるからこそ、相談するのだと思います。

しかし、それでも選び間違えることはあります。

中には生返事だけしか返してくれない人もいるでしょうし、自分には関係ないとばかりに、面白おかしく無責任なことばかりアドバイスしてくるような人もいます。

そういった相手を選んでしまった場合には、自分の不明を素直に反省するとして、このような事態に陥ることを諫めた文言が『詩経』には載せられています。

「室《しっ》を築かんとして道に謀《はか》るが如し」

「室」というのは自宅というような意味で、ここでいう「道」は道行く人、のような意味です。

つまり、「自分の家を建てようというとき、その方策を道行く人に聞くようなものだ」というような文意となります。

素性も知れない赤の他人に、一生ものの買い物といわれている家の設計図を書いてもらう人はいないでしょう。建築はきちんとした工務店や大工さんにお願いするでしょう。

建設予定地の前に立って、たまたまそこを通りかかった人に「家の設計図を書いてください」「家を建ててください」とお願いするはずもありません。

声をかけられたほうは、まるで自分とは関係ないのだから、設計図を頼まれれば生返事よろしく適当に図面をパパっと書いてお終いでしょうし、建築を依頼されても材料を適当に組み上げて終わりでしょう。それどころか何もしてくれない可能性のほうが大です。

ここで指摘されているのは、「自分事に置き換えられる人を依頼する人に選びなさい」ということです。生返事しかしないような人や無責任な放言に終始するような人は適任ではありません。

こういった相手といくら会話をしても、有益な情報など得られるはずもありません。

有用性を感じられない人との議論は何の役に立たないということが『詩経』に書かれているのです。

これを応用すれば「有益な情報を得るための人選は慎重に」ということになるでしょう。

そうした見当違いを諌める文言は『孟子』にも載せられています。

「木に縁《よ》りて魚を求むるがごとし」

文意としては「木にエサを撒いて魚を釣ろうとするようなものだ」となります。

陸上に生える木にエサを撒いたところで、水辺に棲む魚を釣ることなどできません。

魚を獲りたければ川や海にエサを撒いて釣り糸を垂らしたり網を仕掛けたりする。誰にでもわかる話です。

しかし、この「見当違いの手段を用いているから目標を達成できない」ということが、現実には数多く見られるのです。

おかしな例えになるかもしれませんが、大金を得たいと思って収入を宝くじ購入に注ぎ込むようなことは、見当違いということになるでしょう。

本当に大金を得たければ、投資の勉強をして株式を運用するほうが、はるかに現実的で効率的です。

余談になりますが、日本の宝くじを購入して3億円に当選したければ、計算上は約6億円の資金が必要となります。というのも日本の宝くじは地域振興などの目的で販売されているため、当選金に回される資金が販売価格の半額に近いからです。

別の表現をすれば、一部の当選した人たちが得るべき当選金の倍近い販売額で、宝くじが流通しているということです。

だから本来的には、地域振興のために寄付する、というような気持ちで購入する性質のものです。もちろん、夢は買いたくなりますけど。

このような単純に見えることを孟子が口にしたのは、やはり王様への諫言の場でした。

要約すれば以下のようなことを王様に告げたのです。

「木に縁って魚を釣っても実害は出ません。しかし見当違いの計画に基づいて戦争を引き起こせば、想像を超えた被害を出すでしょう。領土的野心の大きさに比例して戦う敵も増えます。それなら戦争資金を国力育成に回して内政を充実させ、周辺に住む賢人や商人、農民たちに、この国に移住したいと思わせる国を作るのが早道です。

そうなれば、王に逆らう者はいなくなるでしょう」

このことから教訓として得られるのは、大局観の重要性でしょう。目先の利益にばかり目を奪われてしまうと、見当違いに陥りやすいのです。

そのためにまず、魚を釣るのは水辺、という前提を再確認することが必要というわけです。

事の善し悪しはしている人物で決まる！

人間は、そして人間がすることは、多くの場合で二面性を持ち合わせているのが普通です。当事者Aと当事者Bの戦争を例にとってみましょう。

AとBどちらも「自分たちが正しい」と訴えます。Aの立場に立てば自分が正しくBが間違っているというのは正しい意見ですが、Bの立場からすればAが間違っているというのが正しい意見です。

何やらパラドックスめいていますが、世の中の多くの出来事は、そうした性質を持っているのではないでしょうか。

戦争のような大きな事象ではなくても、例えば「朝ご飯は米食かパン食か」と問われて、お米が好きな人にとっては「米飯一択！」ということになるでしょうし、パンが好きな人からすれば「パン以外に考えられない」となります。どちらも間違いではありませんよね。

これと似たような形で、物事の評価がそれに携わる人物の評価に影響される、というケースもよく見受けられます。まったく同じことをしているはずなのに、なぜか周囲からの評価がまるで違う。職場などでもよくあることではないでしょうか。

『中庸』には、次のような文言があります。

「政《まつりごと》を為すは人に在り」

「政治の基本は、その政治を実際に指揮する人物に応じて決まる」という意味です。

日本では1989年に消費税が導入されました。当初の税率は半端といえる数字の3パーセントで、全国各地で「お釣りに使う1円玉が足りない！」と騒ぎになったことを記憶している人も多いでしょう。

この消費税。名前は違えども、それまでにも政治的課題として議論されてきたものです。しかし国民の反発を恐れて、なかなかGOサインが出されない代物でした。それがこのときには導入されたわけです。

消費税の是非はここでは問いませんが、そのときの首脳がある政治課題をどう捉えてどう処理するか……まさしく「人に在り」なのです。

そして、ある人物が正しいと信じて取った行動がもたらす結果が吉と出るか凶と出るかは、その行動の基になった思考＝正しいと信じている中身、が大きく関係します。

そう考えれば、「政の吉凶は人に在り」とも言い換えられるのではないかと思います。

真似たくない〝野蛮人〟の行動パターン！

よく知られた四字熟語に「直情径行」があります。「猪突猛進」などの四字熟語と似たような意味があり、用例の多くは揶揄する表現としてでしょう。

揶揄するためにこの4文字を使うというのは、原典が指し示す教訓とも合致していて正しい用法といえます。その原典が「四書五経」の『礼記』です。

「情を直《なお》くして径《ただ》ちに行うある者は戎狄《じゅうてき》の道なり」

文意としては、「本能的な感情の赴くまま、すぐに行動に移してしまう者は野蛮人と同じだ」という感じです。

何の考察もなく何の計画もなく、ただ行動してみた……それでは、「四書五経」が説く理想の境地へは到底たどり着けません。それ以前に、導かれる結果すら未知数です。

漫然と行動して結果はどうなるか眼中にない。時にはそうすることがあっても、人生の多くの局面で、そのような思考や行為は避けてきたと思います。

「四書五経」の人間観や世界観からすれば、「仁」を求めず理想を追わないなど、人間として認められません。少なくとも教育などを通じて「新民」を目指す意欲があるのであれば、それを放棄することは人間であることを放棄するのに等しいからです。

とはいっても「四書五経」が成立しようかしないかという時代には、いまだに教育というものの存在や、「仁」などという存在を知らない人間もいました。古代中国から見て、そういった人間たちは野蛮人でした。人間の格好をしているけど人間ではない、ということで、獣でもなければ人間でもない中途半端な存在です。

「儒」の教えによらずとも、古代中国の支配者や知識人たちは、そういった未開の土地や人間に文明の光を当てて導いてあげよう、という考えかたがありました。それが「中華思想」です。

ハッキリいえば〝上から目線〟で、だからこそ非文明国から貢ぎ物が届けば、それに数倍する文明化を促すような答礼品を与えて返していました。

いろいろと考えながら行動している古代中国の人々からすれば、周辺諸民族は何も考えず本能だけで生きているように見えていたわけです。

しかし、自分が未開であるかどうかは別として、また「儒」の教えに従うかも別として、知識や経験を活かせるのであれば、それを有効に活用しない手はありません。今持っているすべてをフル活用するのです。その時点で、その行動は「直情径行」ではありません。

第2章

「四書五経」で誰からも愛される交際術を身に着けよう!

周囲からの信用は「自分への誇り」が生む！

人間関係の基本として「信用」を挙げる人は多いと思います。40年以上の人生を歩んできたなら、「信用」の存在意義や存在価値を、身に沁みて実感してきたと思います。そして社会との接点が増えるほどに、「もっと周囲から信用されたい！」と考えてしまう場面にはたびたび出会うと思います。そんなときの〝処方箋〟として、『論語』の一文を紹介しましょう。

「事を敬して信あり」

これは、「自分のしている行動に敬意を示すことができているならば、周囲はあなたを信用するようになる」というような意味です。

自分の行動に敬意を表すというのは言葉を換えれば、「自分の行動に誇りを持つ」とか「自分の行動に自信を持つ」というようなことになるでしょう。

誇りや自信を胸に行動している姿は、自然と堂々としたものになると思います。逆に後ろめたいなどのネガティブな気持ちで行動していれば、それが表れることでしょう。

ここで考えてみてください。背中を丸めるように行動している人と、胸を張って行動している人が並んでいるとして、あなたはどちらを信用するか、と。誰もが後者を選ぶはずです。誇りや自信を持って行動するということは、行動するための計画や動機などにも誇りや自信が持てているということです。

そして、得られる結果が上々であるはずだという、明るい未来展望も描けていることでしょう。それは、行動だけではなく言動にも当てはまると思います。

きちんとした信念があってそれに基づいた論理の構築ができていて、その論理を裏付けるものも準備されている状況であれば、その人の発言内容や口調などは、実に堂々としたものに聞こえると思います。

さらに、胸を張って主張された言葉には、自ずと説得力が備わります。聴いている側はそれをもって、発言者を信用します。

信用を得たいなら、自分自身が納得できるだけの準備をしたうえで行動や言動に移すことが求められている、といえるでしょう。

「周囲からの信用」を得るためには、先に周囲から見られている自分の行動を見つめ直すべきだ、ということを、『論語』は語りかけているのです。

そして「自分に自信を持つこと」ができれば次のステップへと足を踏み出す原動力も大きくなります。だから最終的には、それ単体でも自分を支える大きな財産となります。

人に愛されたいと思うなら……その単純な方法

人に信用されるために誇りと自信を持って行動することができるようになったとしましょう。

この信用を一段と高めるために必要なことを、さらに単純な方法で示したのが『孟子』です。

「人を愛する者は、人恒《つね》にこれを愛し、人を敬う者は、人恒にこれを敬す」

これは一読して意味が理解できると思います。

「他人を愛する者は他人からも愛され、他人を敬う者は他人からも敬われる」

これにも「惻隠の心」が関係しているでしょう。

思いやりの気持ちを持って周囲に接していれば、相手にもその心が伝わって同じように思いやりの心で接してくれる……こんな経験を一度はしたことがある、という人は多いと思います。

そのため「愛する」「敬う」というのは、自然と「信用する」という思いが込められます。

このことは、前項で触れた「敬して信あり」からも読み取れます。

別の部分で孟子は、

「仁者に敵なし」

とも断言しています。

本物の徳を備えた人物は争いを避けるうえに、戦うまでもなく相手が徳を慕って帰服してくるので無敵だ、というのです。

これは有名な兵法家の著書『孫子』が戦いの最善策とした、

「戦わずして勝つ」

にも通じる発想です。

孔子や孟子が説くような「仁」を備えた理想の人物にまではいたらずとも、

「あの人は思いやりがあるな」

「あの人に付いていこう」

と周囲に思われるような何かを身に着けていれば、敵対する人の数は確実に減るでしょう。

嫉妬されることはあるかもしれませんが、これを除けば敵対されてないというのもまた、一種の「多くの信用を受けている」状態だと思います。

また、「信用されたい」と思ったら、周囲に無用の疑念を抱かれないように注意することも必要でしょう。

そのことについて、『礼記』には次のような記述があります。

「城に登りては指ささず、城上に呼《さけ》ばず」

古代中国は都市国家で、春秋時代ごろまでは一般的に、支配領域は私たちがイメージするような面ではなく点といっていい状態でした。

各地に城市が点在していた感じで、各支配者は点と点を結ぶように支配領域を広げていました。そして君主が治める拠点＝城市は高い城壁で囲まれていました。ここに出る「城」はその城壁のことです。

そこで文意としては、

「君主が高い城壁に登って、あちらこちらを指さしていると、それを見た民衆が自分のことを何か話しているのではないかと動揺する（だから、しない）。同じく無用の驚きを与えるから、城壁の上で大声を出さない」

となります。

自分たちの上に立つ君主が、はるか頭上であちこちを指さしていたら、それを見た側が不安や不信を抱くのは当然のことです。

私たちだって日常生活の中で、相手が知っている人であろうとそうでなかろうと、こちらを指さしているように見えたら気になりますし、加えて何人かでヒソヒソ話をされたら、自分のことをウワサしていると思い込んでしまいます。

こういったことが原因で喧嘩に発展したというニュースも、時折見かけますよね。

城壁の上に立つという遠目から見てもそうなのですから、どんな場所にいようと周囲にあらぬ誤解を与えるような行動や言動は慎むべきだという教訓です。

補足すれば誤解や疑念を抱かせはしないか、という自問自答が、行動や言動の前に求められるということでしょう。

また、『孟子』には、以下のような一文もあります。

「声聞情《せいぶんじつ》に過ぐるは、君子これを恥ず」

「声聞」とは「評判」というような意味です。「情」は「実情」というような意味に解釈できます。そこで、

「実情以上の評判が立ってしまったら、君子はこれを恥ずかしいと思う」

というような文意になります。

誤解と似たようなものとして、過大評価や過小評価というようなものも考えられると思います。

そして過大評価という〝誤解〟を受けたとき、立派な人物ならそれを恥だと思うのです。

過大評価されてその気になったり、ますます自分を大きく見せたがったり、そもそも過大評価を誘導するように振る舞い続ける、というような人物は、私たちの身の回りにもいると思います。

そういった人物は「恥」というものを知らない「小人」だから、嬉々としてその状態を受け入れているのです。ここに自省がないのは、いうまでもないでしょう。

「認めてくれない」は「認めていない」!?

特に職場などで聞かれる愚痴の代表的なものとして、

「自分のことを少しも評価してくれない」

というものがあります。

どんなに一生懸命頑張っても、昇給はしないし昇格もしない。「自分の上司はいったい何を見て部下を評価しているんだ」というような愚痴です。

こういう思いに駆られたとき、思い出してもらいたいのが『論語』に書かれた次の一節です。

「人の己を知らざるを患《うれ》えず、人を知らざるを患えよ」

ここでの「患」は「憂」と同じ意味で使われています。この文章の意味は、

「他人が自分を認めてくれないといって気に病むのではなく、自分がその他人のことを認めていないということを、まずは問題視しなさい」

というようなものです。

孔子は、「人が認めてくれない」からではなく、「その人を自分が認めていない」から評価して

もらえないと論じているのです。

「認める」「認めない」を、「理解する」「理解しない」に置き換えると、もっとわかりやすくなると思うので、ここからは言葉を置き換えたまま書き進めます。

自分が正当に評価してもらえないという不満は、「自分を理解してもらえない（理解してくれない）」という意味になります。「スキルが理解されないから昇進できない」「役割を理解してもらえないから昇給しない」というのが、主だった愚痴の内容でしょう。

しかし、これが自分本位の考えかただと、孔子は諫めます。

相手がなぜ理解できないのか。理解しようとしないのか。

相手の立場に回って、このことについて考えてみる必要があるというのが、言葉に秘められた意図です。

相手の立場に回るというのは、相手の立場などについて慮るということです。これは第1章で紹介した「惻隠の心」です。

そのうえで、相手の考えを推察するのです。そうすれば、自分本位に愚痴をいうだけでは見えてこなかった別の視点が浮かび上がってくる可能性が高まります。

そこでもし、相手が自分のどこに不満を抱いているかわかり、判断基準が何なのかを突き止めることができれば、それらを解決するよう努力するだけで、状況は劇的に改善されます。

もしかすると、ほんの些細な行き違いが大きな溝を作っていたかもしれませんし、自分が思い描いているのとは別の思考で部下を見つめていたかもしれません。

大きく捉えれば、自分の価値基準だけをモノサシとして使うのではなく、相手がモノサシとして何を使っているのかを知ることの重要性を指摘した言葉といえます。

キログラムで表記するのとポンドで表記するのと、貫目で表記するのとでは、同じ重さを示していても表面上の数値はバラバラです。

これと似たように、業績を判断する基準も、自分と上司とでは異なっている可能性も考えられるのです。長時間労働に価値を見出す自分と、残業を毛嫌いする上司という組み合わせだった場合、いつまで経っても評価されないのは当然でしょう。

「惻隠の心」は、簡単に記せば「思いやり」です。思いやりにあふれた人物と思いやりに欠けた人物、どちらのほうが評価されるかの答えは、ここに書くまでもないでしょう。

そして、この文言は、もうひとつの生きるためのテクニックも提示しています。

それは、「理解されるために欠けていることを見つける」という、自省のチャンスを自分で生み出しましょう、ということです。

自省する機会が増えるほど洞察力は増しますし、そうなれば「惻隠」の幅も広がります。

より幅広い視野を持つ「思いやり」が発揮できるようになったとすれば、そもそも愚痴をいうような煩わしい場面も減っていくことでしょう。
　愚痴を抱えた状態は、明らかに心の健康という面ではマイナスです。そのマイナスも一緒に片づけてくれるのが、「惻隠の心」を発揮できる「人の知らざるを患う」状態といえます。
　こうした身の処し方は、さらに言葉を換えれば「客観的に相手と自分の中間地点に立つ」ということになると思います。これを広げて考えると、次の『中庸』の一節とも深く関係してきます。

「喜怒哀楽の未だ発せざる、之を中と謂《い》う」

　何の感情も表出していない状態なら、それは心が中立的な位置を占めていることになります。
そして、中立的な位置に心が置かれていることを、『中庸』は、

「中は天下の大本なり」

　と表現しています。また、すべての感情が表出していて、なおかつそれらがバランスを保っている状態を「和」としています。この状態にある人間は、

「天下の達道なり」

　としています。普遍的で合理的な人としてあるべき道を歩める人、というような意味ですが、これは感情をコントロールできて節度が保てる人物、ということでもあります。
　客観的かつ冷静に自分を見ることができる状態をできるだけ保つように心がけましょうというのが、2つの文言を重ねたときに得られる人生訓といえるでしょう。

身近で小さな出発点から大きな夢に歩もう

「四書五経」の世界では、3段論法のような提示が数多く見られます。パターンとしては、「○○は△△からなり、△△は◇◇からなり、◇◇は××からなる」というようなもので、だいたい「大きな物（事）は小さな物（事）からなる」という形式です。いってみれば「小さなことの積み重ねが大きなことになる」「はじめに基本があって応用ができる」というような説明内容です。

さまざまな表現が用いられていますが、いずれも意図するところは「基本が大事ですよ」ということでしょう。

すでに序章で紹介した「修己治人」もこの論法です。

①天下を治める器量は民衆を治める器量がないと生まれない

②民衆を治める器量を持つには自分自身を修めていなければならない

というように、上から順に（場合によっては下から順に）必要なステップが示されています。

すでに見た「人の和」「新民」も類型といえます。

この「最終的に目指すところが途方もなく大きくても、その出発点は小さなところにある」という教えが「四書五経」でどのように記述されているのか、代表例を挙げてみます。

「天下の本は国に在り、国の本は家に在り、家の本は身に在り」

これは『孟子』に出てくる文言です。

文意としては、

①みんなが安らげる世の中を実現するには国家の安らぎがベースにある

②国家の安寧には、それを支える各家庭の安寧が欠かせない

③穏やかな家庭を作るためには、自分自身の心が穏やかでなければならない

ということです。

天下国家を論じようという場合は、まず自分自身が論じるに値する資格を持っていなければならない。言葉にすれば当たり前のように思えます。

その資格を有するために必要な素材が、実は身近なところにある、ということです。

そして、この天下や国といった言葉は、別の言葉に置き換えることも可能です。

例えば「会社、部署、グループ、自分」と置き換えてみましょう。

すると例えば会社の方針に異議を唱えたいという場合、その前に自分にその資格があるのかを自問自答するキッカケが生まれます。

会社で例えたついでといっては何ですが、政治経済の根本理念をこの論法で説明した文章が『大学』にあります。

「徳あれば此《ここ》に人あり。人あれば此に土《と》あり。土あれば此に財あり。財あれば此に用あり」

これもステップごとに見てみます。

①徳を備えていると評判の君主がいるところには人が集まってくる
②多くの人が集まるところには国土が形成される
③国土があれば流通ルートが開けて物が集まり財産を作る
④物資や財産があればそれを用いてさらに発展することができる

このような意味の文章です。

これを次は企業活動に置き換えてみましょう。ある企業が栄えるときは、最初からモノやカネが豊富にあるからではなく、それらが豊富に集まる基礎を作れているはずです。これは以下の図式で示すことが可能でしょう。

①創業者やリーダーに「ここで働きたい」と思わせる魅力がある
←
②優秀な人材が入社して勤勉な社風を作る
←

③社員が能力をフルに発揮して会社の業績がアップする

↓

④ブランドイメージや資金を元手にさらに業績を伸ばす

スポンサーを集めるときにも、事業内容の魅力とともに企業の気風や折衝している担当者の魅力、さらには社長の人柄といったものも、ある程度は勘案されていると思います。

自分自身に置き換えてみても、自分に一定の魅力がなければ人もモノもカネも集まってはこないというのは、起業経験がなくても何となくイメージできると思います。

起業でなくてもグループで何かをしようと自分が発起人や幹事として立ち上げるとき、思うように人が集まらなかったら、その根本原因を自分に求めて考え直してみるといいかもしれません。

何かを成し遂げたいと思い立ったとき、はるか先にあるゴールを明確にイメージすることも重要ですが、それと同じように、自分の足元から固めていくという地道な努力もまた、重要とされていることがわかると思います。

「千里の道も一歩から」というのは道教の開祖として知られる老子の言葉ですが、これもまた基本を疎かにしてはいけないという戒めです。

儒教とは長くライバル関係にある道教も同じことを人生訓としているのは興味深いところです。

それだけ「基本が大事」ということが普遍的な原理なのだ、ということでしょう。

磨かれた内面の魅力は自然と外見にも表れる

引き続き応用編のような内容ですが、先に紹介したものと類似した論法で面白い指摘をしているのが『礼記』です。

「**孝子の深愛ある者は必ず和気あり。和気ある者は必ず愉色《ゆしょく》あり。愉色ある者は必ず婉容《えんよう》あり**」

この意味をステップごとに見てみます。

①先祖を敬い親孝行に励む人物は、穏やかな雰囲気をまとっている
②穏やかな雰囲気をまとっている人物の表情は楽しそうに見える
③楽しそうな表情をした人物は態度なども温和だ

ということで、柔和な態度や振る舞いを感じさせる人は、敬愛の精神を備えている、という内容です。

逆にいえば、人間的な魅力が高い人は自然とそれが外見に表れている、ということです。

前項の例えに重ねれば、外見上で内に秘めた人間性に魅力を感じさせる人は、周囲に人もモノもカネも自然と集まってくる、ということになるでしょう。

内面が外見に表れるのであれば、洗顔ついでなどでもかまいませんから、1日1回は、自分の顔をまじまじと見つめる時間を少しだけでも作りたいものですね。

自分自身を高めるために必要な5要素を挙げている『書経』も、実は筆頭に「容姿」を掲げています。「人間は顔（容姿）じゃない！」という反発も聞こえてきそうですが、一体どんな理由からなのでしょうか。

「一に曰く貌《ぼう》。二に曰く言。三に曰く視。四に曰く聴。五に曰く思」

解説として「**貌には恭**」とあります。「貌」は「顔」のことです。

ここで『書経』が主張しているのは以下のような内容です。

「表情に恭しさ、言葉に従順さ、目には明察ぶりが見えて、耳からは慎重に意見を受け入れ、充分な知恵に基づいた思索がある」

これらを人間が備えたい5つの徳だとしています。

『書経』がいいたいのは、生まれ持った顔かたちではなく、その上に表れるその人物の本性、ということでしょう。

ややこしい話になりますが、

「人間は顔じゃないけど結局は顔」

ということを、「四書五経」が教えてくれていることになります。

今の感情ではなく将来の可能性で決断する

ここで紹介する『春秋』の原典は長文のため、ポイントを抜き出して見ていきたいと思います。

先に結論を書けば、表面的な動きや感情的な理由で物事を判断するのは、かえって災いを招くという戒めです。

「仁を親しみ鄭《てい》に善くするは国の宝なり」

「鄭」というのは春秋時代の中国に存在した小国です。その鄭が隣国から攻められて、この言葉を発した人物が仕える国に救援を要請してきた、というシーンです。

ところが鄭と救援を求められた国とは、ひと悶着があった間柄でした。鄭を攻めている国は勢いもあり、普通に戦争をすれば鄭が敗北することは目に見えています。

そして、その窮状を助ける義理は、救援を要請されたこの国にはありません。当然ですが王様は依頼を断ろうとします。

それに反対して申し出を受けるように説いたのが、発言の主でした。

憐憫の情をもって困っている国を助けることは、ゆくゆくは国にとって幸いとなる、ということです。目先の関係性より将来を見据えた外交を提言したわけです。

王様も「敗北間近の鄭に何ができるというのか？」と反論します。

そこで発言の主は続けます。

「善は失うべからず、悪は長ずべからず」

「善行を積むキッカケを逃してはいけません、悪事を増長させるようなこともしてはいけません」と訴えます。そして古代の歴史書を引用してさらに説得します。

「悪の易《の》ぶるや、火の原を燎《や》くが如し。郷《むか》い邇《ちか》づくべからず」

草原などで一旦火がつけられると、あっという間に燃え広がります。悪事が蔓延するのはその炎と同じだ、というのです。そして燃え盛って大火事になった後は、容易に近づけません。そのような状態になってから消火しようとしても、なかなか鎮火はできません。

鄭を攻めている国は領土的な野心が旺盛です。鄭を滅ぼせば、ますます勢いを増して、その矛先をこちらに転じてくる可能性も大きいのです。

たまに海外で大規模な山火事が発生したというニュースに触れますが、これも火の元は些細なものだったりします。しかし火災が広範囲に及んでしまうと、消火活動もままなりません。数日もの間火の勢いを止められないでいる、という事態も珍しくはありません。

発言の主は、さらに歴史書を引用して、

「悪を見ること農夫の務めて草を去るが如し」

と畳みかけます。

「悪事の芽を摘むことは、農民が雑草を取り払うのと同じで、日ごろから気にかけてこまめにしなければなりません」

ということです。

こうして悪事という雑草を丹念に取り除いていれば、農作物に相当する「善」はすくすくと生長する、といって諫言を締めています。

ここでは「何が本当の〝悪〟なのか」を見極める判断力も必要だと説かれているのだと思います。

今ここで鄭を救援すれば、鄭を攻めている国の勢いを削ぐことも可能でしょう。

仮に鄭が負けたとしても、その王様や家臣や民衆は、助けてくれたことに感謝するでしょうし、勝ったとしても国難を救ってくれたとして、やはり恩義を感じてくれるでしょう。

そして将来的に自分たちの国が攻められたとしても、その鄭が同盟国としてともに戦ってくれるだろうという希望が持てます。逆に手ごわい同盟ができたと見て、鄭を攻めている国の領土的野心に歯止めをかけられる可能性もあります。

感情に任せて目先の判断をするメリットとデメリット、そして大局に立って本質的な問いかけをしたうえで判断した場合のリスクとリターン。どちらを取りますか？　というのが発言の主が主張している内容でしょう。

最終結果を見たときに本当にいいことは何か、その結果を導くために現在必要とされる判断は何か……そんな問いかけです。

別に国家間の戦争のような重大事ではなくても、私たちの身の回りには、この『春秋』の指摘を応用できる場面がたくさん転がっていると思います。

例えば夫婦喧嘩をしたとします。現在の感情で「悪いのは向こう」と思っているとしても、少し将来のことを考えたら「ここで謝っておこう」と考え直すかもしれません。

また、老後の蓄えをどうするか考えているとき、現在の感情で「今月はちょっとだけ遊興費に回してしまおう」という誘惑に駆られても、20年後を想像して「予定通りに積み立てよう」と考えを改めるかもしれません。

将来を考えて「謝る」「積み立てる」を選択するのは〝自分の宝〟になりますし、我を張らず喧嘩を長引かせないことや誘惑に負けないことは「善」を失わなかったことになります。

こうして、やがて訪れると予想されたリスクを回避したというのは、「草を去る」に通じるリスクマネジメントになっていると思います。

絶大なリスクと引き換えて得る大成功もある

前項では、リスクを減らして本来得るべきメリットをきちんと得られるように見極めることの重要性を紹介しました。

本項はそれとは違い、積極的にリスクを冒す行動についてです。

『易経』には、次のような一文があります。

「包荒《ほうこう》を用いて河を馮《わた》る。遐《とお》きを遺《わす》れず、朋亡ぶ。尚を中行より得る」

一説によれば「包荒」は誤写で正しくは「匏瓠《ほうこ》」であり、その意味は「ひょうたん」だそうです。また「尚」は「賞」を意味するそうです。ここではその説を採ります。

ひょうたんを浮き袋にして大河を渡るとなると、私たちの頭にも「無謀だな」というイメージが湧くと思います。

そのようなリスクを冒しながらも友人のことは見棄てないというのですから、友人も一緒に無謀な渡河をしているのでしょう。

しかし友人は河の流れに逆らえなかったのか、亡くなってしまいます。

友人を失うリスクを冒してたどり着いた先で得たのは多大な褒賞でした。

何となく微妙な気持ちにさせたかもしれません。

友人を失ってしまうことを望んでいたわけではないでしょうが、結果的には失ってしまいました。そのリスクは事前に理解していたはずですが、友人と一緒に渡河するという選択をします。おそらく軍事的に重要な意味が渡河には込められていたのでしょう。ひとり渡河に成功して賞賛を受け、褒美を手にします。

普通に考えれば、友人を失うリスクをゼロに留めようとするでしょう。ずっと見棄てることがなかったのですから、固い信頼関係で結ばれていたのだとも思います。

褒賞を得た人物がどのように感じたのか、またその後どのような人生を送ったのかは、まったくわかりません。その部分は、同じような境遇に置かれて同じような結果を得た人間こそが、その身で理解することなのでしょう。

この『易経』の文言から考えさせられるのは、何らかの非常事態に置かれた場合、日常とは異なる苦渋の決断を強いられることもあり得る、ということです。

そうしたシチュエーションでは、リスクは必ずしもリスクとなり得ませんし、かける天秤の意味も違ってくるでしょう。そういう状況に置かれた場合、自分ならどう考えてどう行動するのか。たまには脳内でシミュレートしてみるのも、いざというときの備えになるのかもしれません。

「出しゃばり」が愚かなのは今も昔も同じ

ここで紹介する言葉は、見慣れない漢字が使われていて一見すると「難しい」と思ってしまいますが、意外と「当然だよね」と思えてしまうシンプルな内容です。

「牝雞《ひんけい》の晨《あした》するは惟《こ》れ家の索《つ》くるなり」

これは『書経』で紹介されている言葉です。

意訳すれば「出しゃばりすぎは身を滅ぼす」ということです。

「雞」は「鶏」と同じ意味で「牝雞」は「めんどり」のことです。メスのニワトリですね。

「晨」は「夜明け」「早朝」といった意味を持ちます。「晨する」で、「夜明けを告げる」というような意味に解釈できます。

「索」は常用漢字のひとつ。『デジタル大辞泉』によれば、

①手づるによって探し求める。

という意味もあり、この意味による用例として「索引」「検索」「探索」などが挙げられています。また、

②ばらばらに離れてなくなるさま。

という意味もあり、その用例として「索然」「索漠」が挙げられていますが、ここでは後者の意味で用いられています。

これらのことから、

「めんどりが夜明けを告げることは、家がバラバラに壊れてなくなってしまうことだ」

というような意味となります。

夜明けを告げる役割を担うニワトリはオスです。鳴けないメスに代役は務まりません。それなのに、無理をしてオスの代役を務めようと出しゃばればどうなるのでしょうか。「夜明けを告げたくても告げられない」わけですから、コケコッコーを目覚まし時計代わりにしている側は大混乱します。1日のスタートから波乱含みです。

この出しゃばりが、笑って済ませられるレベルならまだしも、笑えないレベルになってしまったらどうでしょう。一度きりなら許してもらえても、繰り返されれば怒りの炎は増すばかりです。そうなれば今まで積み上げてきた信用は崩れてなくなりますし、居場所を失うことにもなりかねません。

「出しゃばり」にはそういったリスクがあることを『書経』はニワトリに仮託して強く戒めているのです。

2通りの解釈がある有名な格言に学ぶこと

本項では比較的有名な格言を取り上げます。

「宋襄《そうじょう》の仁」

この言葉を見聞きしたことがある人は多いでしょう。その出典は『春秋』です。かなり原文が長いので、話の流れを先に説明しましょう。

軍事力に長けた楚という国が宋という国を攻撃することによって鄭という国を救いました。宋の君主・襄公は反攻しようとしますが、最高司令官に、

「天が商を滅ぼして久しい今、公が商の再興を目論んでも許されることではありません」

といって諫められます。

商は殷《いん》のことで、春秋時代が訪れる前に長く中国を支配した周によって「徳がない」として滅ぼされた王朝です。そして宋の君主は、殷王朝の子孫でした。

襄公は結局、出陣を決めます。そして大きな河を挟んで楚軍と対峙しました。

宋軍は河の手前ですでに隊列を整えて開戦を待つばかり。一方の楚軍はまだ、渡河を終えてい

ませんでした。

これを見て出陣に反対していた司令官が、

「今がチャンスです！」

と攻撃開始を襄公に進言します。今ここで全軍が攻撃にかかれば、多勢に無勢で大勝利間違いなしだからです。

しかし襄公は首を縦に振りません。楚軍が渡河を終えて隊列を整えるときも、進撃命令を出しませんでした。

そうしてお互いの陣容が整ったところで、襄公はいよいよ開戦を命じます。

しかし、勢いがある楚に、宋は徹底的に打ち負かされます。襄公自身も矢傷を負い、左右を固める重臣は戦死しました。

敗軍の将として帰国した襄公は、猛烈な非難の嵐にさらされます。それに対して、襄公は反論します。

「徳のある君子は傷ついた者をさらに傷つけない。白髪の老人を捕えることもしない。古の戦いは、敵兵を足場が悪いところに置いて苦しめたりはしなかった。私は確かに、徳を失ったと天に見放されて滅ぼされた王朝の子孫だが、だからといって準備が整わない敵に対して進撃を命令はしない」

これについて、徹底して提言を却下された司令官も反論します。

「強大な敵が足場に恵まれなかったのは、天が我が国に味方していたからです。それを活用するのは当然でした。それでも勝てるかはわかりません。加えて周辺の強大な国は、すべてが宋の敵です。そのような状況にあれば、敵兵であれば老人でも捕らえるべきです」

そして、

「相手に傷を負わせたくないなら、最初から負傷させるようなことをしなければいいのです。老人を捕えるのに遠慮があるなら、降伏すればいいでしょう。国力をかけて戦争をするというのは、その勝利が国家の利益になるからで、進軍の合図を出すのは、勝利をつかむために全軍を鼓舞するためです。国益を考えて戦争を起こしたのなら、悪い足場にいる敵を苦しめても問題はなく、士気が十分に鼓舞できたのなら、そのまま進軍させてもいいのです」

そして襄公は、戦場での傷が原因で翌年には没します……。

このように、無用な情けをかけたために多くを失い、自らの命も落とすことになった襄公の行為を嘲る意味で、「宋襄の仁」という言葉が用いられるようになりました。

しかし、襄公の行為を、逆に激賞する意見もあります。その出所もまた「四書五経」です。

しかも『春秋』なのですから、物事の解釈には多様性があるということを実感させられます。

前述しましたが本書で取り上げている『春秋』は、正確には『春秋左氏伝』という注釈書です。

もともとあった『春秋』に補足などが書き込まれたもので、原典のボリュームアップと同時に意図が明確にされているという特徴があります。

実は注釈付き『春秋』はひとつではなく、主だったもので3つあります。そのうちのひとつ『春秋公羊伝《くよう》』が、「宋襄の仁」を立派だと評価しているのです。

古代中国の戦争形式のひとつに、両軍が日時と場所を決めて参集し、双方の隊列が整ったところで開戦する、というものがありました。

襄公がこの形式を念頭に置いていたとすると、彼の考えや行為に非難されるところがなくなるのです。

『左氏伝』が現実主義的な記述や論考を加えているのに対し、『公羊伝』は理想主義的な側面が強いという指摘もあります。

そういった立場、物事に対する視点が逆転すれば、「宋襄の仁」のように、嘲る対象にもなれば賞賛の対象にもなるのです。

「宋襄の仁」という言葉とその物語を知ると同時に、物事には多面性があるのだということも合わせて、頭の片隅に置いておきたいものです。

ムチャぶり人間と友達になるか否かを問う

続いて知名度は少々低くなるかもしれませんが、比較的知られていると思われる四字熟語を紹介しましょう。今度の出典は『論語』です。

「暴虎馮河《ぼうこひょうが》」

簡単に意味を記せば、

「ムチャぶりで命を落とすような人間とは付き合わない」

ということです。つまり、交際相手はきちんと選びましょう、という教訓です。原典を読み下せば、以下のような内容です。

「暴虎馮河して死して悔ゆることなき者は、吾れは与《とも》にせず」

「暴虎」は、素手で虎に立ち向かう様子です。蛮勇というか無鉄砲な行為ですね。自分というものの能力も把握できていないといえます。

「馮河」は歩いて河を渡るというような意味です。川と河は意味が違っていて、後者は「黄河」をイメージすれば理解しやすいと思いますが、海のように大きな、対岸がかすんで見えないほどの水の流れです。日本には、対岸が目視できるような「川」しかありません。

そういう巨大な水の流れですから、そもそも歩いて渡るといっても水底に足をつければ全身が水中ということになるでしょうし、激しい流れに阻まれて思うように前進できないでしょう。

こちらもまた、自分の能力を無視した破天荒な行為といえます。

そういった〝ムチャぶり〟を自発的にして、それで死ぬようなことがあっても後悔しない……豪傑のイメージすら漂います。

しかし孔子は、「一緒に行動しません」と一刀両断します。

考えてみれば、孔子は自分の有限の人生では足りないと感じるほどの膨大な時間を費やして、「仁」というものの体得を目指した人物です。

どのような人生を歩むか、どのような人生のゴールを思い描くかは個人の自由ですが、孔子からすれば、道半ばで大した理由もなく命を落とすようなことに価値を見出したりはできなかったでしょうし、自分自身をまったく理解していない〝おバカ〟な生きかたに、共鳴できたはずもありません。

そうはいっても、自分には真似できないような行動や言動を取る人に、一種の憧憬や畏敬の念を覚えてお近づきになりたいなぁ、と思うことはあると思います。それもまた、個人の自由だと思います。

人とより善く接するための態度とマナー

前項で人付き合いに関わる内容を紹介したので、続いて『詩経』からは、人選びや交際のポイントといえる文言を取り上げたいと思います。

あなたの近くにひと目でわかる有用な人物がいたらお近づきになりたいと思うでしょうし、仮に経営者や人事担当者として出会えば、当然のようにスカウトすると思います。他社も狙うような人物であれば、一刻も早く自分の仲間に引き入れたいと願うことでしょう。

そうするのが当然であり賢い方法だということを、「人」という表現を用いずに示しているのが、『詩経』の次の言葉なのです。

「誰《たれ》か能《よ》く熱きを執りて、逝《ここ》に以って濯《すす》がざる」

洗濯でも食器洗いでもいいのですが、もしそこにお湯が用意されていたら、特に冬場などはそれを使うと思います。

当たり前のことを当たり前のようにするだけのことなのですが、これをひと捻りするのが「四書五経」たる所以です。

先の「熱き」はお湯のことです。ここでは「有用なもの」ということで例示されているのでしょう。これを人間に当てはめると、「有用な人物」ということになります。

すると、字面からは表面化していない文意として、

「もしも近くに立派な人物がいるのなら、その人物を登用するのが賢い」

となるのです。

続いて交際には節度が必要という戒めを説いた『礼記』の一文も紹介します。これは長いこと、日本で誤解され続けてきた有名な言葉の〝ネタ元〟でもあります。

「男女は雑坐《ざつざ》せず、椸枷《いか》を同じくせず、巾櫛《きんせつ》を同じくせず、親授せず」

「七年、席を同じうせず、共に食せず」

これらに似たような内容が幾度も出てくる『礼記』ですが、現在と違って男女の別というものが一層厳格に考えられていた時代背景も頭に置く必要があるでしょう。

これらの文言から、戦前日本では、

「男女7歳にして席を同じくせず」

というようなことがいわれました。しかし、もともとの意味は、「立場や相手との関係をよく考えて、その場にふさわしい行動をとりなさい」というような内容で、「男女は7歳になったら近づくな」のような脅迫めいた意図は含まれていません。

第3章

仕事の手法に人間関係……
ビジネスの悩みに効く「四書五経」

ここまで信頼されたら最高だ！

仕事をするときに重要なことといえば、職場や取引先での人間関係と答える人が多いのではないでしょうか。みなさんも「もっと穏やかで気兼ねがない人間関係を築きたいし維持していきたいな」と思うようなことに何度もぶつかってきたことでしょう。

人間関係が良好であれば職場環境は自然と良好になりますし、そうなればモチベーションも高く維持できて仕事もはかどり、予想以上の成果を上げることも可能になります。

その人間関係で、特に上司からいわれてみたいと思わせる言葉が『書経』にあります。おそらく多くの人は、この言葉に触れたことがあると思います。それは、

「股肱《ここう》の臣」

です。原典では、

「臣は朕《ちん》が股肱耳目たり」

となっています。

「肱」はヒジのことで、意訳すれば「足であり手であり耳であり目である」ということで、「自

分の分身かクローンみたいな存在だ」といわれているわけです。

基本的に人間は、少なくとも自分のことだけは信用していると思います。孤独な君主ともなれば、なおさら「信じられるのは自分だけ」という気持ちに駆られているでしょう。

そういう立場の人物から、「自分と同じ存在」といわれるだけの信用なのです。

しかも、この言葉を発したのは、その後長く「聖人」として崇められている古代の理想的な君主でした。それを考えると、とてつもない快挙だと思いませんか？

しかし現在では、「自分に絶対的な忠誠を誓うイエスマン」のような意味合いでも使われているような気がします。というより、この用法のほうが多い気もします。

そして忠誠を誓っている相手の人間性などは脇に置かれています。

本来の意味での「股肱の臣」とは、何をいわれずとも君主の意見を汲み取ることができ、何をされずとも次になすべきことが理解できている存在です。その仕える君主は邪《よこしま》なところがなく、いつでも正しいことを考え、正しい行動ができる人物です。だから「股肱の臣」の思考や行動もまた、正しいものです。

とはいうものの、パーフェクトに正しい人間など存在しませんから、ここは割り切って、「この人にならトコトンついていける！」と思える人物に出会ったら、その人から「右腕」を超えた存在として認知されるように、頑張ってみるのが現実的かもしれません。

上司が間違えたら正す覚悟を持っておく

「この人に一生ついていこう！」と思える人物に出会えたとします。幸運にもその人の部下になることができました。

そうなったら、次は『論語』に載っている次の文言を活用してみましょう。

「臣は君に事《つか》うるに忠をもってす」

説明が不要なほどシンプルな表現ですね。

「忠」というのは孔子が掲げた徳目のひとつで、「社会を相手にしたときの思いやりの心」ということができます。個人を相手にしたとき「思いやり」である「礼」と似た概念といえます。

ここで個人的な「礼」ではなく「忠」を持ち出されていることが重要で、前項の「イエスマン」ではいけませんという意味が込められているのだと思います。

上司が間違ったとき、それを正すのは部下として間違ってはいません。当然ですが人間としても間違っていません。

上司が反社会的な行動や言動をしたとき、それに追随するのではなく諌めたりする、場合によっては離反するなどの覚悟を持って仕える、ということでしょう。

上司と部下の関係ではなくても、雇用者と労働者という立場で会社と向かい合うときにも、この言葉を活かすことができます。

例えば就職先を決めるとき、いろいろな決め手があると思いますが、やはり重要なのは働きに見合った対価をきちんと支払ってくれる、ということでしょう。約束通りの給料を払ってくれると信じるから就職するわけです。

逆に会社は、支払う給料に見合った労働力を提供してくれるはずだと信じて雇います。

お互いがその信用に報いることが「忠」といえます。

だから、ブラック企業などで「聞いていない！」という労働条件や労働環境に置かれた場合、端的にいえば我慢する道理はないということになります。

少し補足すると、こうして「忠」を社会に対して示していると、社会から「信」が得られるようになります。「信」は、「社会が個人を相手にしたときの思いやり」です。

こうして「礼」「忠」「信」といった徳目が健全に働いている状態を、孔子は「義」と呼んだのではないでしょうか。

話が逸れましたが、仮に上司や会社が不義理をした場合、それと対決する覚悟も必要だ、ということを先に書きました。

そのことは実は、『論語』の中で孔子が高弟に質問に応じて言及していることでもあります。

「欺くことなかれ。而して《しこう》これを犯せ」

「欺くな」とは「ウソをつくな」ということですが、これは「本当のことを本当だといいなさい」ということです。

つまり、

「上司が間違っていたら、その間違いを正しなさい」

といっているのです。

「犯せ」というのは対立することです。間違っている相手を正し、そのうえで衝突することは正しい行為なのです。

たまたま諫言に耳を傾けてくれる上司であれば、衝突しても得るものがあるでしょう。

しかし自分の見込み違いか、そもそも「付いていきたい！」と思わせてくれない上司の下に付いていた場合は……。

間違いを正して、聞く耳を持ってくれなければ、それは付いていくに値しない人物だと思えばいいのではないでしょうか。

現実問題として、その上司と衝突して退職することは無理、というケースもあるでしょうし、その場合には「面従腹背」で対応する、というのもひとつの手かもしれません。

居心地はよくないかもしれませんが、現実的な判断をするなら、そういう道もありでしょうし、実際にそうしてサラリーマン生活を続けている人も多いでしょう。

逆に上司の立場から見れば、「あえて犯す」ような部下を、簡単に切り捨ててはいけないでしょう。

そうして有能で人間的にも優れた人物を周囲に集めることは、

「済済《さいさい》たる多士、文王以《もっ》て寧《やす》し」

という状況を作れることになるからです。

「多士済々」の語源でもあるこの言葉は『詩経』に載せられています。

文王とは孔子も理想とした周を治めた君主です。

その文王が心安らかに過ごせるのは、徳があって実務に長けた部下を数多く擁していたから、という意味です。

今日「多士済々」という場合には、

「個性あふれるさまざまな才能が結集している」

というような文脈で用いられていると思いますが、それだけに留まらず、その全員が人徳者でもある、というのが、本来の「多士済々」という状況なのです。

自然体で「腰が低い」姿こそ素晴らしい！

へりくだった姿勢を示すさまを「腰を低くする」などと表現したりします。

そのまま、モミ手でもしようものなら、その姿はたちまち「卑屈」に映ることでしょう。

「腰を低くする」ことと「卑屈な姿勢」の差はどこにあるのでしょう？

「恭《うやうや》しくて安し」

これは『論語』に収録されている孔子の弟子による師匠評です。

どの方向に対しても慎み深い態度の孔子は、まさしく「腰が低い」姿そのものでしょう。

しかし、そうすることで我慢をしていたり無理をしたりしているというような様子はありませんでした。かえってゆったりとくつろいだ雰囲気まで漂わせていたのです。いわば「自然体」で「腰が低い」のです。

それを可能としていたのは、内面に秘めた高い人間性です。

実はこの評は前段がありますが。順序が逆になってしまいましたが、そこも触れてみましょう。

「温にして厲《はげ》し」

「威あって猛《たけ》からず」

前者は、

「師匠は穏やかではあるけれども、どこか侵しがたい厳格な雰囲気も持っている」

というような意味で、後者は、

「堂々とした威厳は感じさせるが、だからといって威圧するような雰囲気はない」

というような意味です。

『論語』の別のところでは、

「顔色を正して斯《ここ》に信に近づく」

という文言もありますが、これは「心の内は顔に現れる」ということを前提とした戒めです。

顔色に心の内が出るから、それを正してこそ信用される人になる、というような意味ですが、先の言葉と重ねれば、

「信念に基づいて自信を持って腰を低くしているのであれば、それは表情に出るから、その内面を理解している周囲は卑屈とは思わない」

ということになるのではないでしょうか。

邪な心で腰を折る「卑屈」さは、おそらく表情に現れるのだと思います。

自分を〝盛る〟のはほどほどに

近年では若者の言葉として「盛る」という表現が定着しているようです。意味合いとしては「大げさに表現する」というようなものです。

例えばあるエピソードを誇張して語ったりすれば、「話を盛っているな」といわれたり、髪にオーバーと思えるボリュームを持たせてふんわりしたヘアスタイルにすることを「髪を盛る」と表現したりします。それがファッションや仲間内の笑いごとだったりすれば、趣味などの範疇《はんちゅう》で何の問題もないと思います。

しかし、これを対人関係や交渉の場に持ち込むと厄介なことになります。

『易経』には次のような言葉があります。

「白に賁《かざ》れば咎《とが》无《な》し」

「白」は「まっさらの状態」という意味に取れますから、一切の飾り気がない自然な姿、ということでしょう。それは誰かから咎められることもない、ということです。

孔子は「白」であるべき理由を、次のように説いています。

「丹塗《に》りの漆器に文様を施さず、純白の玉に彫刻を施さないのは、そのままの姿がもっとも美しく飾り立てる必要がないからだ」

飾り立てるのは、何かの不具合や不都合があるからで、そのままの姿で他人に見せられないのは、美しくないと自分自身で認めているからこそ、でしょう。

これは何もファッションなど外見的なことだけを対象にした文言ではないように思われます。言葉を換えれば「見栄を張る」というのは、自分を本来あるべき姿として見せていないわけですから、「賁った」状態であるといえます。

「見栄を張っている」というのは、すなわち、自分に自信がなかったりして、自分で自分のことを認めていないと公言しているに等しいことになります。

ですから、見栄を張れば張るほど、虚勢を上塗りすればするほど、周囲には自信のなさをバラまいていることになりますし、場合によっては「本来の姿に不都合や不具合でもあるのか？」という疑心を抱かせてしまうことにもなります。

何より「ウソをついている」状態に他ならないのですから、「礼」「忠」「信」といった存在に真っ向から逆らっているともいえます。

余談ながら孔子は『易経』を愛読していましたが、占いをしてもらって本来なら吉のはずのこの結果が出たとき、「これは自分の卦ではない」といって表情を曇らせたそうです。

人の上に立つ人が求められる資質

人の上に立つような人物は、さぞ目立つ存在だろう……。

普通はこのように感じられると思います。

しかし、人の上に立つような人物は、本質的には裏方のような存在なんですよ、ということを『論語』は説いています。

以下は君子（徳を備えた理想的な君主）とはどのような存在か、と問われたときの孔子の答えです。


「君子は器ならず」

「先ず行なう。其の言や而《しか》る後に之に従う」

「君子は周《あまね》して比せず。小人は比して周せず」


ひとつ目の言葉は、表現が簡素ゆえにさまざまな解釈がされている〝問題児〟でもあります。

ここでは2つの解釈を紹介します。
①君子は目に見えるものや日常的なもので計れるものではなく、そうした存在を超えた精神的・

内面的なところで計る存在だ。もしくはそういう計られかたをされるべき存在だ

②君子とは人民や国土といったものを収める器ではなく、そうしたものを盛りつける料理人のような存在だ

②の解釈に従えば、人の上に立つ人はまさしく裏方や縁の下の力持ちといえるでしょう。

2つ目の言葉は、行動力の重要性を説いた文言です。

「まず行動し、行動にいたった理由は後から説明すればいい」

というような意味です。もちろん、行動する前に熟慮している必要があります。何も考えずただ行動するのは、第1章で紹介した「直情径行」になってしまいます。

そして3つ目の言葉。

「周」という漢字1文字だと「あまねし」と読み、公平とか平等といった意味になります。そして「比」は1文字だと「ならべる」と読ませる漢字として用いられていて、仲間や友人などという意味になります。そこで文意は、

「君主は公平で特定の誰かとだけ親しくはしない。しかし小人物は徒党を組んで仲間だけを大切にする」

といった感じになります。これを活用すれば、交友関係や交際の中身を見れば、人の上に立つ資質があるかどうか、簡単に判断できるということです。

人の上に立つとき念頭に置いておきたいこと

『礼記』には人に教える立場にある人間が採るべき行動を示した一文があります。

この「教育者」の部分を、「上司」などに置き換えても応用できる内容なので、ここに取り上げようと思います。少し長文なので、前後に区切って見ていきます。

「今の教うる者は、其の点畢《てんひつ》を呻《うな》り、其の訊《と》いを多くし、言数に及ぶ」

意訳すれば、

「最近の教える立場にある人は、与えられているテキストを読み続けるだけで、テストばかりをおこない、その説明はシンプルさがなく、教わる側に〝くどい〟と感じさせます」

ここでいう「最近」とはもちろん2000年以上前のことですが、時空を超えて現代にも通用する社会評論でもある、といえますね。現代日本にも当てはまる指摘です。

当時の中国ではまだ、「科挙」という高級官僚候補生のための国家試験は成立していません。

科挙は後年になるほど、とにかく「四書五経」を暗記しておくことが合格の近道だったといえるほどの〝暗記偏重型〟試験だったのですが、それが成立する前から中国では、暗記することを手段ではなく目的としてしまうような教育方法が蔓延《まんえん》していたともいえます。

『礼記』は、それがどのような弊害《へいがい》をもたらすのかということを、続けて解説しています。

「進めて其《そ》の安きを顧みず、人を使いて其の誠を用いず、人を教えて其の材を尽くさず」

こちらも意訳してみましょう。

「授業の進み具合ばかりを気にして生徒がノビノビと学べているかを顧みることはせず、生徒が学習によって内に蓄積してきた能力を発揮させようとはせず、せっかく教えているのに教えを活かして〝人材〟になろうという機会を与えない」

生徒のモチベーションより自分の成果や計画などを優先するというのは、その時点で思いやりに欠けた行為です。生徒のことを考えるのであれば、学習の成果を活かせる舞台を用意してあげよう、という気配りも生まれるでしょう。

暗記をさせるだけさせられてテストに次ぐテストという毎日では、学習意欲が低下する一方です。何ひとつ生徒のためにはなっていません。

これは教育者だけではなく、引っ張っていかなければならない部下がいる、などという場面でも応用できる教訓だと思います。

自分の立場や出世だけを考えるのではなく、部下がフルに能力を発揮できる環境を整えることを優先すれば、自ずとよい結果も導けるようになるのではないでしょうか。

それでは、優れたリーダーや教育者というのは、どのような性質を持つのでしょうか。同じく『礼記』から、そのことに言及した文言を紹介します。

「善く歌う者は、人をして其の声を継がしめ、善く教うる者は、人をして其の志を継がしむ」

歌が上手な人の周囲にいる人は、つられて思わず一緒に歌ってしまったりすることがあります。教えるのが上手な人は、自分の教えを自分のものにして次の代につないでくれる人を育てます。成功哲学の世界などで、よく使われる「引き寄せの法則」と同じですね。

歌が上手な人の周りは歌う人であふれ、教え上手な人の周りにはその教えを共有する輪ができるのです。

先に見たテストを繰り返すような教師に当たった生徒は、おそらく先生の教えを飲み込めないまま卒業していくことでしょう。学んでいたようで学んでいなかったわけです。

しかし、本当に教えるのが上手な人につけば、自分が次の教師になれる可能性すら育まれるのです。これは次代を担う人材を育成していることになり、教師冥利《みょうり》に尽きるでしょうし、社会全般にとって有益なことでしょう。

その点でいうと孔子も教えるのが上手な人だったと思います。

彼には生涯で3000人の門弟がいたと伝えられていますが、その中で数十人という規模で師匠の教えを受け継いだ者が現れました。

『論語』をはじめ「四書五経」のいたるところに彼らの名前が登場し、孔子との会話の様子を後世に伝えています。

『礼記』は、孔子の孫弟子にあたる人物が作り上げたともいわれていますが、そうして志を継ぐ者が次々と現れたからこそ、彼の思想を現代に生きる私たちも知ることができます。

さらに『礼記』には、〝教え方マニュアル〟といえる記述もあります。

「**道《みち》びきて牽《ひ》かず。強《つと》めて抑えず。開きて達せず**」

①教えによって導くことはしても、引っ張っていくような強引なことはしない

②例えば宿題などのように強要する局面もあるが、それは最小限にして押さえつけない

③問題を解く手がかりは教えても、答えそのものは教えない

①については、自分の型に嵌《は》め込むとか、自分のペースに相手を巻き込むというようなものですから、モチベーションを下げる要因になってしまうでしょう。

②についても、強制ばかりされていたら窮屈な思いをするだけで学ぶ楽しさを感じる余裕が生まれません。

③は、いきなり答えを教えられたら、自分で考える機会を奪うことになります。自分で答えを導けていないから、その場では理解できたつもりになれても、結局は理解できていないということになります。

『論語』に見る人事の要諦《ようてい》とは？

『論語』には人物観察にまつわる記述も多いため、それらを応用すると人事で重要視すべきポイントなども教えてもらうことが可能です。例えば、

「犂牛《りぎゅう》の子、騂《あか》くしてかつ角《かく》ならば、用いるなからんと欲すといえども、山川《さんせん》それこれを舎《す》てんや」

という文言。これは孔子が君子になれる人物だと評価していた弟子に向けた言葉ですが、人事の肝要な部分をも提示したものといえます。

というのも孔子が目をかけている当の弟子は下層階級の出身で、当時の中国社会では立身出世することがほとんど絶望的だったからです。

そんな弟子に対して、孔子は語りかけました。

「平凡なまだら牛の仔でも、赤毛で角が立派なら、人間が祭祀用のいけにえには不向きだと思っても、それを捧げられた神々が見棄てるはずはない」

赤毛で角が立派というのは、いけにえとしては最上級品でした。しかし、生まれが卑賤という

だけで、人間はこの牛をいけにえに不向きと判断する……。

これは牛に仮託して弟子を励ました言葉でした。たくさん勉強すれば、赤毛や立派な角を生やせるではないか、と。

そして、「見棄てる神あれば拾う神あり」ではありませんが、その能力を素直に評価してくれる人物と出会える可能性も残されているわけです。

実際に、弟子である彼の能力を高く評価している孔子という存在が身近にいるのです。大いに励まされたのではないでしょうか。

これは出身などによって人を判断すべきではないという教訓です。学歴や学閥といったものに縛られているようでは、本当の人物評価はできないということでしょう。

その弟子が、めでたくある家の家宰《かさい》（家中を取り仕切る最高責任者）として仕えることになりました。彼は師匠に、どのように人材を集め、どのように働かせればいいのかを尋ねます。

孔子は次のように応えました。

「有司を先にし、小過を赦《ゆる》し、賢才を挙げよ」

これは、

①部下ひとりひとりが持てる能力をフルに発揮できるように配慮すること

②ちょっとした失敗は咎めない

③優秀な人材は抜擢して活用する

ここまでは現代に生きる私たちにも理解しやすいと思います。

そして、この弟子は続けて、

「どうやって人材を見分ければいいのでしょうか？」

と質問します。孔子の答えはこうでした。

「なんじの知るところを挙げよ。なんじの知らざるところは、人それこれを舎《す》てんや」

文意は、

「自分でこの人はと思った人物を抜擢すればいい。お前の目が届かないところにいる人材は、周囲が放っておかないだろう」

この弟子自身が実力を認められて身分を超えた抜擢をされています。それは知られているでしょうから、彼の人物評価にも自ずと高い信頼感があったと思います。

だから目の届かないところに人材がいたとしても、「ここにも人材がいますよ」というように周囲がアドバイスをしてくれるだろうという推測です。

組織が巨大になればなるほど、社員の顔と名前を一致させることは難しくなります。

一定以上の規模の会社で社長を務めていれば、全社員の顔と名前を憶えている人は少ないでしょう。

それでも問題ないのです。

もともとすべてに目を届かせようというのはハードルとして高いですし、部下が20人ともなれば、その時点で各自の行動などを把握しきれるはずもないと思います。

それならば自分が目を届かせられる範囲の人事を、誰もが納得できる形で進めればいいのです。例えば部下が20人なら、全員の行動などをできる限り把握し、平等に評価します。20人を5人ずつの4グループで働かせているなら、4人のリーダーだけ観察すれば十分です。

多くの企業は、部下の人事考課となれば、直属の上司が担当すると思います。その上司の人事考課は、その直属の上司という具合に。

その人事がまっとうであれば、遅かれ早かれ有能な社員の評判は届いてくるはずです。

その情報を改めて吟味すれば、それで事足ります。

最後に、ある人物が〝人材〟かどうかを見極める材料として、『論語』の次の言葉も紹介しておきましょう。

「難きを先にして獲ることを後にす」

困難なことに率先して当たり、その結果として利益が生まれるとしても、そのことは後回しにする、という姿勢です。これは孔子が「仁者の行為」とするものです。

「助長する」のはいいこと？　よくないこと？

私たちになじみが深い言葉のひとつに「助長する」があります。これは『孟子』が出典です。多くの場合、どちらかといえばマイナスのイメージで用いられていると思いますが、果たして原典ではどのような意図が込められているのでしょうか。

「助けて長ぜしむこと勿《なか》れ」

この言葉に続いて、孟子は次のような説明を始めます。

「宋の人が、苗の生長を促そうとしてその苗を上に引っ張った。帰宅して、〝今日は苗の生長を手伝ったよ。疲れたなぁ～〟と胸を張っていう。ビックリした息子が畑に向かうと、苗は枯れていた」

苗を無理に引っ張り上げても成長が早まるはずはありません。

孟子は重ねて、「助長する」ことの難しさを説きます。最後には、国家の成長を促す「助長」についても言及し、それを可能とする人など、世の中にほとんどいないといいます。

それなのに、自分の能力の限界を超え、あるいは本来あるべき姿を無視して「助長」に手を出そうとする人は、意外と多いと嘆きます。それはまさしく「百害あって一利なし」です。
このことは現代にも当てはまるのではないでしょうか。「助長する」の語源が出てくる少し前には、気分をリフレッシュするときなどに使われることがある、

「浩然の気を養う」

も登場しています。

「浩然の気」の説明は長くなるので、ここでは「人徳者が持てる〝仁〟のオーラ」とします。これは「仁」を体得する前提といえる「義」や「道」と一緒にあってはじめて存在できるものですが、いずれは天から地にいたるまで充満させることができるものだと孟子はいいます。

「浩然の気」を先の苗だとすると、「義」「道」といった孟子が重要視したものが、水や陽光に相当します。それらを過不足なく与え続けることができていれば、ほかに何をしなくても「浩然の気」は成長するというわけです。つまり、「浩然の気」を得たいと思うならば、まず欠かせないのは土台としての「義」や「道」ということになります。

それなのに、「義」や「道」を修める鍛錬をせず、ただ「浩然の気」を大きくしようとすると、苗を引っ張るのと同じような失敗を犯す危険が高まります。

だから順序や本来の姿を十分にわきまえて、「助長」などせず自然に成長させるのが理に適っている、という結論になります。

「牛耳る」人は実は賤しい心根の持ち主⁉

「人の上に立つ」ということに関係する比較的有名な言葉を紹介します。

何かの組織やグループを実質的に支配したりコントロールしたりできている状態を指して、よく「牛耳る」という表現が用いられます。

この言葉の〝ネタ元〟は『春秋』です。

「牛耳を執る」

春秋戦国時代の中国は、有力な君主が会合を開いてさまざまな約束事を決め、できるだけ平和が維持できるように努める、という体制が採られていました。

会合は、その時点でもっとも実力を持っているとされる、あるいは最高実力者だと自認する君主が、ほかの君主に呼びかける形で催されました。これを「会盟」といい、その場で指導的な立場に認められた君主は、その証拠として牛の耳を手にしました。

このことから、指導権を握ることを「牛耳る」と表現するようになっています。

ただし、最高実力者だと会盟の席で承認されたからといって、その君主がそのまま徳のある立派な人物だったとは限りません。

歴史を見れば古今東西、圧倒的な武力差を背景に、半ば恫喝するように自分の意志を認めさせる、という外交も少なくはありません。

会盟もそれは同じで、たまたま武力で周辺を圧倒しているから、それをチラつかせて自分の意のままに天下を操ろう、と考える君主がいたとしても、不思議ではありません。

そういった懸念もあるため、牛耳を手にする者は、実は賤しい心根の持ち主なのだ、という解釈をされることもあります。

こちらの解釈に従ってみるとしましょう。

やはり世の中には、圧倒的な支配力で何かの組織を把握していても、その場にいる全員が心からその状態を認めているとはいい難いのではないか、と外野からは見えるケースもあります。

そういったときは、だいたい強引な手法で影響力を増強していたパターンが多く、最終的には失脚という形で表舞台から引きずり降ろされているようにも思います。

自分が何かの組織で上に立つ場合には、是非ともストレートな意味での牛耳を執りたいものです。

そして牛耳を手にした後も、後ろ指さされるようなことをしていないか、常に自省することも必要とされるのでしょう。

穏便にクレーム処理できるのはこんな人

現代の日本企業は、カスタマーサービスやカスタマーサポートに力を入れているところが増えていると思います。

かつて苦情は苦情でしかありませんでしたが、今では苦情の中身はマーケティングに活用できる情報に変化しています。そこでクレーム処理をクレーム処理で終わらせない工夫や努力をしている企業も珍しくはありません。

ある企業では、お客様から届いたクレームを逆手に取り、そのお客様にファンになってもらうような対応を心がけているそうです。

そうしてトラブルを穏便に解決するテクニックは、今後もますます需要が高まりそうです。

さて、「四書五経」の世界で、クレームを受け付けることはどのような扱いとされているのでしょうか？

「**必ずや訟《うった》え無からしめんか**」

これは孔子の言葉として『大学』が取り上げている言葉です。

意味は、「訴えられることがない世の中を作らなければならない」ですから、孔子は、「クレームを受けるような事態を起こさないようにする」ことが大切だと説いていることになります。

この前段で孔子は、

「訴訟が持ち込まれたら巧みに裁くことも大切」

だと言及していますから、今すぐ訴訟ゼロ社会を実現させようとまでは考えていません。

しかし、理想とする社会が実現すれば、そこに訴訟はなくなっているはずだ、といっています。いわば理想論なのですが、「巧みに裁くこと」を重視している点も見逃せません。

これに続けて孔子の高弟が解説を続けます。

「情《まこと》無き者は、其の辞を尽くすを得ず、大いに民志を畏れしむ」

大意は、

「上に立つ者に十分な徳があれば、ウソつきはウソをつけなくなって、ウソが通じない民衆を恐れるようになる」

ということです。この状態になれば、巧みに裁くことは容易になる、ということです。

これを応用すれば、次のような教訓を得られると思います。

クレームを受ける立場になったら誠意をもって相手と対して、どんな苦情にも真剣に耳を傾ける。そうすれば、無用な怒りを招くこともなく穏便に処理できる。いかがでしょうか?

昔も今も秘密は〝天がお見通し〟で隠せない！

「パナマ文書」や「パラダイス文書」の公表で、世界中に疑惑のタネがバラまかれたニュースは、記憶に新しいところです。

特に驚きを与えたのは、タックスヘイブンを利用して大規模な脱税をしていたとされる政治家の存在です。国庫を預かる身でありながら、国庫に入るべきマネーを懐に入れていたのですから。ほかにも限りなく黒に近いグレーという手法で、脱税を続けていた世界中の有名な経営者などの名前が取り沙汰されたりもしました。

秘密というのは、なかなか守り切れるものではありません。

朱熹が編纂したとも伝わっている『小学』という書物があります。名前から想像できると思いますが、これは幼い児童などに向けた〝低年齢版『大学』〟です。その中に、「天知る地知る、君知る我知る」

の「四知」をもって、隠し事を隠し通すことの難しさを表現しています。「誰にも秘密」といった時点で、少なくとも会話している2人は知っているわけで、それがいつ広がるかわかりはしませんし、密室だと思っていたらすぐそばに人がいた、という可能性もあります。

日本にも、

「壁に耳あり障子に目あり」

という言葉があります。

隠そうと頑張れば頑張るほど、かえって世間に知られやすくなる、と警句を発しているのが『中庸』です。

「隠れたるより見《あらわ》るるはなく、微《かす》かなるより顕《あきら》かなるはなし。故に君子はその独りを慎むなり」

すんなり理解しやすい表現だと思います。

この一文に朱熹は次のような注釈を加えています。

「隠は暗所なり。微は細事なり」

隠していることも小さなことも、それを知る自分が独りでいる場合でも、自分が知っているという事実から、〝天はお見通し〟だとしています。

ただし結論は「だから隠し事はよくない」というストレートなものではありません。

隠し事は難しいし天に知られているのだから、上に立つ者ほど一人で過ごしている時間は慎重に行動しなさい、と戒めています。

無関係そうでも〝対岸の火事〟には油断しない

「輔車《ほしゃ》相依る。唇亡びて歯寒し」

これは『春秋』に載せられた言葉です。後段はことわざとして知られている言葉でもあります。

前段の「輔」というのは古代中国で用いられた馬車などの両脇に添えられた木材のことで、車と一体となって働く部品です。「輔」と「車」は互いに助け合う共依存のような関係です。

それから転じて、隣り合わせで存在するものは互いに大きな影響を及ぼし合う関係だ、という意味になります。外交関係に当てはめれば、隣国の動向は常に自国の命運にかかわってくる、ということです。

次に唇が裂けるなどすれば、歯は外気に直接さらされることになります。寒くて当然ですね。

これを外交関係に持ち込むと、隣国の破たんは自国の危機だ、という意味になります。

唇と歯は、一見すると関係が薄いように思えますし、私たちも日常で密接な関係があると感じるような場面は少ないと思います。

この「唇亡びて歯寒し」は道教の『荘子《そうじ》』にも見られますが、こちらでは後者の「一見すると無関係に思えて実は関係が深い」という意味で採用されているようです。

この言葉が示唆するところは興味深いところです。

無関係だと思ったら、一旦有事の際に密接な関係があるとわかった、という例は、私たちもニュースなどでよく接していると思います。

ここに持ち出すのは不謹慎かもしれませんが、東日本大震災で東北の工場が大きな被害を受けたとき、日本国内のみならず海外の名だたる製造メーカーまでもが、操業を完全にマヒさせてしまいました。これには驚かされた人も多かったことでしょう。

自然現象でも、赤道直下の南アメリカ大陸付近で発生したエルニーニョが、日本の気象に大きな影響を及ぼしたりします。

あのリーマンショックも、発端はアメリカのサブプライムローンです。経過や詳細は省きますが、私たちの日常と接点があるように思える要因とはいえません。それが日本のマーケットも直撃するのです。

このように、表面的には無関係に思える同士ですら、密接にかかわっているケースが多いのです。お互いの距離が近づけば近づくほどリスクが加速度的に増大するのは目に見えています。

自分と少しでも関係がありそうな人物や組織の身の上に起きることは、決して〝対岸の火事〟として見過ごせないということです。

身の丈に合わない対応は「礼儀知らず」

自分としては真心を込めて接したつもりでも、その行為がかえって相手に対する礼儀を欠いている、というような落とし穴があります。

最大限の努力をして接待したのに、なぜか帰るときの客の表情が曇っていたなど、自分でも原因がわからず右往左往してしまったという経験を持つ人もいるでしょう。

そんなときに、自分を振り返るポイントとして挙げられるのは、「見当違い」ということになります。その見当違いが失礼を生み出す遠因となっている可能性があります。

『礼記』には、そんな見当違いの実例が示されています。

「山に居て魚鼈《ぎょべつ》を以って礼と為し、沢に居て鹿豕《ろくし》を以って礼と為すは、之を礼を知らざるものと謂う」

見慣れない難しい漢字ですが、「鼈」というのはスッポンのことです。現代でも高級食材として知られていますよね。どうやら昔からそうだったようです。

文意としては、

「山に住んでいる人が魚やスッポンを儀礼的な贈り物としたり、水辺に住む人が鹿や猪の肉を儀礼的な贈り物としたりするのは、礼儀を知らずという」

という内容です。

たしかに、山に住んでいれば山の幸、水辺に住んでいれば水産物を利用するのが理に適っていますし、何より新鮮で旬のものを選んで贈ることができるでしょう。それだけでも価値があると思いますし、美味この上ないとも思います。

身の丈に合わない背伸びをして、いくら高価なものや珍しいものをプレゼントに選んだとしても、それは本当の礼儀ではなく、かえって礼儀知らずのすること。

背伸びをしたがゆえにどこかに無理が生じて、それが相手に見透かされてしまうこともあり得ますし、背伸びの方向が間違っていたら、いくら高価で珍奇でも相手が喜ぶはずもありません。

例えば、甘いものが苦手という人に、自分では食べたこともない外国の高価で甘いチョコレートを贈っても、迷惑がられるだけでしょう。

それならば、自分の知識や経験の範囲内で、考えられる誠意を見せたほうがいいのではないでしょうか。そうであれば、「本当は甘いものが苦手だけど、自分のことを思ってくれているしなぁ……」と、好意を素直に受け止めてもらえる可能性も高いように思えます。

身の丈に応じた対応もまた、立派な「礼儀」なのです。

本当の「礼儀を示す」とはどんな行為なのか？

前項で身の丈に合った礼儀の示しかたを紹介しましたが、それでは具体的な礼儀を示す行為とは、どのようなものなのでしょうか。

『礼記』には、孔子の言葉として礼儀の示しかたを提示しています。

「敬にして礼に中らざる、之を野と謂い、恭にして礼に中らざる、之を給と謂い、勇にして礼に中らざる、之を逆と謂う」

ここでは礼儀正しそうに見えて実はそうではないという3つの実例が挙げられています。

①相手に尊敬していますという態度を示していても、その態度が「礼」に則っていなければ粗野

②恭しい態度で接していても、それが度を越えた態度であれば「礼」ではなく窮屈に感じるだけ

③勇ましい振る舞いを見せても、そこに「礼」がなければ、ただの乱暴な行為

この言葉を理解するには、孔子が唱えた「礼」の本質を知る必要がありますが、説明が煩雑になるので省略し、簡潔に示します。

先の①〜③を言い換えると、次のような形になるでしょう。

①尊敬していますという気持ちを見せていても、それが仰々しく不自然に見えるようであれば、相手は本心かどうか疑問を抱く↓礼儀を示せていない

②謙虚な態度で相手と向かい合っていても、その謙虚さが鼻につくほど大げさであれば、相手は不快に思う↓礼儀を示せていない

③勇敢さを示すのにデモンストレーションをしても、勢い余って何かを壊すなどの失態を犯せば、相手は単なる乱暴者だと感じる↓礼儀を示せていない

そして①~③のどれもが、「これ以上のオーバーな表現をしなければいいのに」という状況にあって、その一線を越えてしまっていることがわかるでしょう。

ここで「礼」を「節度」という言葉で置き換えてみると理解しやすいかもしれません。「ここまではOK、ここから先はNG」という境界線をしっかり認識しているかということです。

このOKとNGの境目を探るというのは、まさしく「中庸」の精神とも一致します。

相手に応じてほどほどに、しかし限界いっぱいに、というところを探り当てるのが、礼儀を示す大きなポイントといえるかもしれません。

そのためには相手をよく観察しておくことも必要になります。

その意味で礼儀というのは、人間に対する洞察力を問われるもの、ともいえるでしょう。

第4章

「四書五経」を〝潤滑剤〟に肩ひじ張らない生きかたを

「自分には無理！」を振り払おう！

『論語』ではおなじみといえる、師匠である孔子と弟子たちの対話という形式。多くは弟子たちから師匠への質問と回答ですが、中には挫折しかけた弟子を励ますような文言もあります。そして、孔子の助言は弟子の心に潤いと活気を与えて気持ちをリラックスさせ、弟子が自分を見つめ直すキッカケとしても活かされていたようです。

「今なんじは画《かぎ》れり」

師匠の教えに対し、頭での理解に実践が追いつかないと苦悩する弟子に向けたものです。

「今の君は、今の自分が限界だと思い込んでいる」「君は今、自分自身を見限っている」

というような意味です。

この弟子は、周囲の弟子仲間から一目置かれるほどの高い能力を備えた人物で、孔子もその能力を高く評価していたほどです。そんな弟子が、実践面で自分の領域に達することができないと悩んでいる……。

自分を越えていける逸材と信じている孔子からすれば、これほど歯がゆいこともなかったでしょう。備わっている力量は十分のはずなのに、自分で勝手に限界点を設けてしまい、立ち止まってしまっているからです。そこで孔子は、無限の可能性を秘めた自分自身をもっと信じて、さらなる高みを目指してみなさいと諭すのです。

実行前は「無理！」と思っていたのに、いざ実行してみたらできてしまった。そんな経験をしたことがある読者も多いと思います。

この「無理！」と思っていたことが「画れり」の状態です。いわば諦めた状態です。この諦めを振り払って次のステップに進んだら、ワンランク上のステージに上がれる。その可能性を捨てないで生きよう、というのが、孔子の主張だったのでしょう。実際、孔子も挫折を味わい、そこで立ち止まらず前に進んだからこそ、現在に名を残しています。

それに、このような苦悩が生まれる人物とは、それより先に進める可能性を秘めた者だけです。

先の言葉には前段があり、そこには、

「**力足らざる者は、中道にして廃す**」

とあります。本当に力量が不足していれば、そのような苦悩と向き合うより前に挫折していたはずだ、というような意味です。

建設的な苦悩であれば、前進するための起爆剤ともなり得るという孔子の教えは、豊かで潤いある後半生を過ごそうとする私たちが、大いに参照できる内容だと思います。

何事もできるところから地道に

自分の限界を自分で決めつけず、秘められた可能性を信じるにしても、何にどう手をつければいいものか……いざ何かを始めようとしたとき、多くの人が直面する悩みだと思います。

とにかく行動せよ、というのは簡単ですが、そのハウツーをわかりやすく説いてくれた文言が『書経』に載せられています。

「愛を立つるは惟《こ》れ親《しん》よりし、敬を立つるは惟れ長よりす」

これはスンナリと理解できると思います。

「愛情を世の中に示したいと願うなら、まずは一番身近な親を愛するところから始めなさい。敬う心を確立したいなら、まずは自分の兄を敬うことからはじめなさい」

ということです。

このように実践は常に身近なところからスタートさせなさいと説いているのは、太古の昔の理想的なサポート役として知られていた人物です。

スタートは背伸びせず、自分の手が届くところからでいいのです。

そして一定の成長ができていると自分で感じ取れたら、少しだけ範囲を広げるなどすればいいのです。

歴史に名を残すような人物でも、その足取りを観察すれば着実に一歩ずつ、というケースが圧倒的です。

日本の戦国時代きっての人気者といえる織田信長も、最初は尾張（現在の愛知県西部）の半分だけを支配下に治め、次にもう半分、そして次は北隣の美濃（現在の岐阜県南部）に侵攻してその南の一部を……というようにして京都へと攻め上ったのです。そして尾張統一から美濃併合までは実に10年以上を費やしています。

成功哲学の世界でも、ひと足飛びの目標設定は避けるようにと説明されることが多く、細切れのように小さい目標を積み上げて、段階を踏んで最終目標に到達するようにするほうが実現しやすいとされています。

あのプロ野球の王貞治氏だって、デビュー当時には「三振王」と揶揄され続けていたのです。それ以前に投手として入団して早々に野手転向という挫折すら味わっています。

それでもめげずに一縷《いちる》の望みをかけた一本足打法を徹底的に特訓、といっても、ひたすら基礎といえる素振りです。その努力が結実して、やがて「世界のホームラン王」になったのですから。

少しクオリティを上げた生活をするには

生活のクオリティ、といっても経済的なことではなく精神的な側面のことですが、これを上げるための簡単な方策を、「四書五経」はさまざまな表現で示してくれています。

まずは『易経』からアイデアを拝借してみましょう。

「安けれども危うきを忘れず」

「現在が平穏でも、いつ危難が訪れるかわからないから、注意を怠ってはいけません」という意味です。

近年の日本は、未曽有という表現が当てはまるような自然災害が連続して起きています。世界に目を転じても同じです。

それは「他山の石」ではなく、「明日は我が身」です。

よく「災害は忘れたころに訪れる」といいますが、『易経』は「忘れてはいけない」と諭しているのです。

「来るかわからない」災害に対して四六時中、身構えていては、それこそ体が持たないと思いますが、「来るかもしれない」災害と考えておけば、少しは心構えも変わってくるのではないでしょうか。

次も『易経』の文言ですが、これは「易とは何ぞや」という問いへの答えにもなっています。

「危うしとする者は平らかならしむ」

「何かが起きたとき、これは危険だと思って慎重に行動できるような人物には平穏を与える」

これこそが「易の道」だと説明しています。

どういう意味でしょうか？

易占は六十四卦を読み解くことで占ってほしい人の未来を予言するものです。3000年近い歴史を誇り、古代には神聖な儀式として執り行われていました。

「筮竹《ぜいちく》」と呼ばれる竹製の棒50本を使って占うのですが、詳細はここでは省きます。

易者は『易経』に記されたわずかな文言だけを頼りに、占うシチュエーションを勘案しながら筮竹が語りかけている意図を探り、自分流の論理で結果を導きます。

この一連の所作の中に神聖性を見出せば、なるほど占いを願い出た者の内面が結果に反映するでしょう。

本題から外れてしまいました。

この文言は、きちんと未来のことまで考えて行動している人は、何が起きても心が大きく乱れることはない、ということを示しているのだと思います。

いざというときに冷静に判断して行動できるというのは、想像以上に自分を助けてくれる心強きツールなのです。

いざ危険が及んだときや、危険に備えてというシチュエーションを抜きにして、『論語』は、それなりの研鑽《けんさん》を積んだらどういう人間になれるのかということを説明しています。

「**知者は惑わず。仁者は憂えず。勇者は懼《おそ》れず**」

十分な知恵がある者は迷わない。

真心を持つ者は心配事とは無縁でいられる。

真の勇気を持つ人は、いたずらに恐れることがない。

物事を的確に判断できる知恵が十分に備わっていれば、判断そのものが迅速でしょうし、間違える可能性も少ないでしょう。

何より「勉強し続けてきた」からこそ知恵が備わっているわけで、そんな自分の人生に自信を持っているでしょうから、自分が下す判断への信頼感も高いはずです。

そうしたことが絡み合って「迷わない」のです。

真心を身に着けた人の周囲には、同じように真心を身に着けた人が自然と集まります。また、〝真心効果〟で穏やかな心持ちで過ごせているはずです。

心に波風が立たない状態で、心配事に見舞われることなどないでしょう。逆に心配するようなことがあったら、穏やかな心を維持できないのですから。

そして蛮勇ではない真の勇気。これは「肝が据わっている」と表現してもいいでしょう。あるいは仏教でいう「不動心」とも似ているかもしれません。

滅多なことで心が揺らがない境地に達しているのですから、ちょっとしたことで恐怖を感じることはないでしょう。

恐怖は、対象がどのような存在であるかを明確に認識しているか、逆に対象がまるっきり未知の存在だというときに発動すると考えられます。もちろん恐怖ということも認識できています。

第2章で触れた「暴虎馮河」の場合は、相手がいることだけを認識している状態で、どんな存在かといった詳細に立ち入っていません。認識レベルがまったく異なり、明確でも未知でもないから恐怖を感じないと思われます。もしかすると恐怖の存在そのものを知らない可能性すらあります。

本当の勇者は恐怖を知ったうえで、相手が明確でも未知でも、なお等しく動じないのです。

現実的に知者や仁者や勇者になりきるのは無理だとしても、ひとつのモノサシにはなると思います。例えば、迷う頻度が1年前より減ったのであれば、それは知者に近づいた証拠といえるからです。

上辺ではない因果関係の本質を考える姿勢

春秋時代には5人の「覇者」と呼ばれる絶対的な指導者が世に出ています。

その最初は「晋の文公」です。公子でありながら長い放浪の旅を余儀なくされ、帰郷できたのは老年になってから。覇者として君臨したのは、何と60歳を超えてからでした。

そんな文公には彼を支える有能な部下がたくさんいました。

そのひとりに介之推《かいしすい》という人物がいます。彼の清廉潔癖《せいれんけっぺき》ぶりは、ハッキリいえば常軌を逸したレベルです。その彼のエピソードを『春秋』から書き出しますが、あえて説明はしません。ただ、彼の理念や理論には、大いに唸らされると思います。

あるとき文公は、亡命時代に苦楽を共にしてくれた部下をねぎらい、部下が願い出ただけの褒賞を与えました。介之推は褒賞を要求しなかったため、褒賞を授かることができませんでした。

介之推は、文公の兄たちが不遇をかこっていることなどを理由に、自分だけがいい思いをできないと考えていたからです。

そして文公が滅亡を待つばかりだった母国の晋に帰り、その君主となれたのは、天が晋を滅ぼそうとはしていないからだと考えていました。

国民や公室の全員が晋を見棄てていたとしても、天に認められて晋を救う人物が現れるはずだと介之推は考えていて、その人物こそが文公だったということです。

だから、覇業の功績を述べ立てるのは間違っている、というのが介之推の結論です。

覇業できたのは天の意志があったからで、いわば天による行為です。それなのに覇業できたことを自分たちの功績として付け替えるなど、事実を捻じ曲げるにもほどがあるというのです。

そんな部下の非道を褒賞する文公も文公だから、自分は文公の下を去る……。

介之推の決意を聞いた母親が、「どう生活するのか」と詰め寄り、息子の翻意を試みますが、「今さら褒賞を求めたら、もともと求めていた者より罪が重い」

といって撥ねつけます。さらに母親が、自分の意見を文公に話しては、と提案しますが、「言葉は我が身を飾るもの。隠棲《いんせい》しようとしている自分がわざわざ申し述べたら、自ら日の当たる場所に出たいといっているようなもので、それも理屈が通りません」

隠棲した介之推は、間もなくひっそりと亡くなります。文公は彼を探しましたが、ついに見つけられずに終わってしまいました。ちょっと真似ができない処世術ですね……。これが、

「介之推、禄を言わず」

です。

「君子豹変す」の本当の意味を知る

突然それまでとは真逆の態度や言動を取るようになった人物が、

「君子豹変」

と揶揄されることがあります。

「君子」とあるので、揶揄される対象は指導的な立場にある場合が多く、ガラリと政策を転換したり、前言を撤回してみたりといったタイミングで、主に政治家やリーダーに対して使われているように思えます。

この言葉の出典は『易経』です。原文を読み下すと、

「君子は豹変《ひょうへん》し、小人は面《おもて》を革《あらた》む」

という文章です。

その意味は、

「君子というものは日々、善いほうに向かって内面が磨かれて変化し続ける存在だ。対して徳を備えていない小人物は、精神面ではなく表情や態度といった外見だけを変化させる」

「内面を磨く」という部分は、「過ちを知ったらすぐに改める」という解釈もされます。「小人」の態度についても、君子の変わりように感化されて引き締まった表情になる、という解釈もされます。

これらが示すように現在のよく見られる用法は、もともとの意味からすると誤用です。絶え間なく研鑽して、よりパーフェクトな存在に近づいているのが「君子」なのです。態度をコロコロ変えるという意味では、どちらかというと「小人」が当てはまるでしょう。

小人が「革む」のは、自分が仕えている人物の顔色をうかがい、それに合わせて自分の意見や態度を変えるためです。つまり、歓心を買おうと必死な「イエスマン」です。そこに自分の意志や思考などはありません。

一方で君子は、「より善い自分になりたい」という自発的な意志で「変」じているのです。こちらの視点でいっても、政局や世論といった外的な要因から、信念を無視して意見を変えてしまう政治家は「よりよい自分に見られたい」だけの「小人」でしかありません。

ちなみに「豹」は単純に猛獣の豹を指します。豹の体毛にはまだら模様があり、その毛皮は見る角度に応じて文様を変化させます。

その美しさを、君子がますます理想的になる様と重ねて「豹変」という表現になっています。

ＴＰＯに応じた固定されない「真ん中」が「中庸」

「中庸」というのは「真ん中」「中心」というような意味ですが、孔子が考えた「真ん中」は、少し複雑です。

弓道で用いる的の中心のように、この領域が中心ですよと明確に定義されていれば理解も早いのですが、孔子によれば「真ん中」は、いつでも一定の存在ではないのです。

『中庸』には、孔子が示す「真ん中」について、

「時に中す」

と記されています。時と場合によって「真ん中」は変化するから、そのＴＰＯに応じた「真ん中」を意識しなさい、と説いてます。

外見上で「真ん中」に見えても実際は「真ん中」ではない、といった事例は、私たちの日常にも顔を見せます。物の重心などが代表的だと思います。

私たちの体の重心も、私たちが鏡の前に立って「ここだ！」と思ったポイントとは違うということが、ほとんどだと思います。

また、物事によっては単純に「真ん中」を確定できない場合もあります。

1メートルの高さと5メートルの高さの間など、計測可能なものは「真ん中」を割り出すことも簡単です。

しかし例えば、積み上げてきた善行の総量と悪行の総量の間、といわれたら、誰もが答えに苦しむと思います。

「真ん中」を意識することは重要ですが、四角四面に「真ん中」を割り出せないケースのほうが、実は圧倒的に多いのではないかと思います。

そのことを孔子は指摘しているのでしょう。教条主義的に「真ん中」を意識すると、かえって「真ん中」が見えなくなるというのは、一種のパラドックスでもあります。

そこで私たちが「中庸」を用いようとするなら、「できるだけ偏らない」と常に意識することが大切だ、ということになるでしょう。

同じく『中庸』には、

「君子は中庸をす。小人は中庸に反す」

という文言があります。

完全に「中庸」をモノにして君子になることはできなくても、せめて小人にはならないように心がけよう、というのが私たちにもできる「中庸の精神」なのかもしれません。

せっかく高いステージを目指して学ぶなら

昨日の自分より今日の自分は、少しでも高いステージに立っていることができる……。

そのような思いから熱心に学び、自分を磨いているならば、目指してみたいひとつのゴールがあります。

それは、

「君子の儒と為《な》れ、小人の儒と為る無かれ」

です。

これは『論語』に出てくる、孔子が弟子を励ました言葉です。

「儒」というのは、「仁」の会得を目指して精進する人物、もしくは限りなく理想に近づいている教養人を指すといえます。このレベルになれば、いまだ「仁」の影すら踏めていないような後進を指導する立場にもなれます。

そこで、「君子を領導できるような人物を目指しなさい」とか「君子の手本となるような人物になりなさい」というような意味と解釈できます。

漢文の難しいところは読み下すときに、どのような送りをつけて解釈するのか、という部分です。この文言もそうで、「君子の」「小人の」の「の」を取り除いて読んでみると、意味が異なってしまうのです。

試しに「の」抜きで解釈してみます。すると、

「指導者には十分な教養を修めた人物がなりなさい。修養が不足している人物を指導者にしてはいけません」

というような意味に捉えることができます。こうなると、弟子への励ましというよりアドバイスになります。

いずれの解釈を採用しても同じくいえるのは、高みを目指して進み続ける姿勢の重要性、だと思います。

そして、自分の達成度を把握するためやモチベーションを維持するためにこの文言を活用する場合には、紹介した2つの解釈のうち先に挙げたほうを使ってみてはいかがでしょうか。

教育学でも「反復学習」の重要性を説かれることがありますが、学習内容を本当に自分の血肉とするためには、同じ内容を繰り返し自分の中に刷り込む必要があります。

そうして自分の血肉レベルに昇華してはじめて、借り物の言葉を使わず自分流の表現で、その内容を人に教えてあげられるようになります。

昔よくいわれた「お天道様が見ている」

最近は使う人も少なくなりましたが、昔は何かいたずらをしたりすると、「お天道様が見ているよ！」という言葉で叱責《しっせき》されることが多かったと思います。

この「お天道様が見ている」と同じことをストレートに表現した語句が『詩経』にあります。さすが「詩」だけに、ひと目見て漢詩の基本的な技法が使われていることもわかります。

「明明たる上天、下土《かど》を照臨《しょうりん》す」

同じ文字を繰り返し使って強調したり、反対の意味を持つ文字を並べて対称させるというのは、はるか昔から「詩」を優雅なものとしてランクアップさせる技法だったようです。何かしらの音楽（メロディやリズム）に合わせて歌われていたとも推測されていますが、こうした技法を用いた「詩」のほうが、もしかすると音楽に乗せやすかったのかもしれません。

文意としては、

「その輝きで私たちの目から見ても存在していることが明らかな天上の神様が、常に私たちが住んでいる下界を照らしながら、すぐそばにいて私たちを見ている」

というようなものです。そこで、

「人知れず善行を積んでいる者も、陰でコソコソ悪行に励む者も、周囲に気づかれていないとしても天が見ている。そして善行を積む者は認められて幸運がもたらされ、悪行に励む者は咎を受けて罰せられる」

というように意味が拡大されます。おそらくこの拡大は、後世に加えられたものでしょう。

この「詩」が作られた当時は、孔子も生まれていなければ何らかの倫理観念が明文化されたりしている世界ではなかったと思います。おそらく自然のいたるところに神秘の存在があると信じる「アニミズム」の世界だったと思います。

そういう世界に住む人たちの素朴な天に対する畏敬の念を、「儒」が取り入れて、明確な意図を加えたのでしょう。

解釈の成り立ちは別として、人間はいつの時代どの土地に生きていても、自分を見ている存在があると意識していた、といえます。自分を正面から見て判断してくれる存在が必ずあるというのは、心強いことではないでしょうか。

私たちは聖人君子ではないので、何かをするときは「誰かに認めてもらいたい」という承認欲求を必ず抱いていると思います。その承認してくれる存在は周囲の人間でなくてもいいわけで、そう考えると少しは心穏やかに人生を歩めるような気がします。

行き詰まりを感じたときこそチャンス！

仕事でも何でもいいのですが、今自分がしていることに行き詰まりや閉塞感《へいそく》を覚えるときというのは、誰の身にも訪れると思います。

そんなときに、目の前の事態にどう対処するのかで、その人の精神性や思考も透けて見えます。

筆者などもそうですが多くの場合は、諦めて退散、という選択をすると思います。しかし、「四書五経」は、そんなピンチのときこそチャンスだ、と唱えています。

『易経』には、そうした事態に対処するハウツーとして比較的知られた言葉が記されています。

「窮《きゅう》すれば則《すなわ》ち変ず。変ずれば則ち通ず」

略して「窮すれば通ず」という表現を用いられることもあります。

「ピンチに陥ったときは変化せよ、変化すれば新しい道が見つかる」

というような意味です。さらに「新しい道」は長続きする、とされています。

もともと「窮変」した事態とは、神様が治める世が終わって伝説の聖人たちが治める世に変わるという大変動を指しています。新たな為政者たちが、自ら考案した発明などを通じて人間社会に変化と喜びを与え、その社会は長続きすることになりました。

もともと「易」の思想は「不変」であることを好んでいません。だから変化を求めたり新しい道を発見したりすることは、当然のことであり推奨されるべきものでもあります。

この「新しい道を見つけるために変化する」ことは、冷静でないとできないでしょう。そこで孔子は、次のような言葉を『論語』に残しています。

「君子固《もと》より窮す、小人窮すればここに濫《らん》す」

これは晩年の遊説活動中、あるいきさつがあって弟子一行ともども軍勢に取り囲まれたときの発言です。その場で処刑されるのを待つばかり、というほどの切迫した状況で、孔子の人生で最大のピンチだったともいわれています。

そこで弟子から、「師匠のような立派な方でも、このように窮することがあるのですか？」と質問されたのです。そして孔子は、

「君子だって窮することはある。小人は窮するとパニックに陥る（しかし君子は平静を保てる）」

こう答えたのです。言葉通り孔子は、命にかかわる大ピンチを目の前にして、慌てた様子も見せなければ騒いだりもせず、ゆったりとした態度を見せ続けていました。

冷静だから局面打開の糸口に気づくのでしょうし、どう変化すればいいのかというシミュレーションもできるのでしょう。

暇を持て余すとよくないことに頭が働く

これもまた比較的知られた言葉だと思います。

「小人閑居《かんきょ》して不善を為す」

『大学』に記されている言葉です。

「小人」は、たびたび登場してきましたが、「徳を備えていない」「未熟」といった人物のことです。そうした修養が足りていない人間は、暇を持て余すか、誰もいない場所にひとりでいると、悪事を働くというのです。

この言葉には続きがあり、いかに「小人」が卑小な存在であるかが説かれています。これは、小人の資質を指摘した文言というよりは、そんな人間になりたくないですよね？　という問いかけのような戒めなのです。

悪事を働いている小人がいる場所に、君子が訪れました。

気がついた小人は、何事もなかったかのように姿勢を正して、今まさに善行を積んでいる最中だという振りをします。

しかし、素振りだけでは動揺した瞳の動きや落ち着きに欠ける態度までは隠せませんでした。

その様子を見た君子は、小人の外見で隠しきれていない内面を見透かします。

そして思います。

「その場を取り繕ったところで、何のメリットがあるのだろう？」

……。少々耳が痛い話ではあります。愛想笑いを浮かべつつ取り繕うという経験は、私たちも身に覚えがあるはずです。

内面と外見が深く関係しているから、高い精神性を持っている人の容貌は、自ずとそれを示したものになると、『大学』は説きます。

そして『大学』は、この話を君子への戒めへとつないでいきます。

「**故に君子はその独りを慎むなり**」

実は同じ語句が第3章にも『中庸』の言葉として登場しています。

「四書五経」は意外と、まるっきり同じ語句や、同じことをいっていると感じる表現が頻出します。

それは、特に強く訴えたいテーマや結論だからでしょう。

自分ひとりでいるときこそ自分自身を律して行動しなさい、というのは、「四書五経」が口を酸っぱくしても伝えたいことなのです。

語源に見る「礼儀」の本当の中身

私たちが何気なく使っている「礼儀」「儀礼」などの「礼」がつく言葉。これらの言葉の語源といえるのが、そのままズバリのタイトルを持つ『礼記』です。

行政システムや社会制度が急速に整えられた漢の時代に儒家が、古代から伝わる「礼」に関する事柄を集大成したものが今日まで伝えられています。その代表が『礼記』です。

そこには、「礼儀とは？」に答えるような次の一文が記されています。

「およそ人の人たる所以《ゆえん》は礼儀なり。礼儀の始めは容体を正し、顔色を斉《ととの》え、辞令を順にするに在り」

人が人である根本には「礼儀」があるとしています。

礼儀は、「礼」を実践するうえでの行動様式や服装の規定なども盛り込まれたものです。論理立った文化的な人生が送れるという、動物と人間とを隔てる違いをも指し示しているかのようです。

そして「礼儀をわきまえている」と周囲に認められるための基本条件が3つ掲げられています。

①姿勢や態度、振る舞いといった外見的なことをきちんとする

②顔つきや表情を引き締めて、立場に見合ったものに整える
③言葉づかいに気をつけて、相手との関係に応じて適切な表現をする

3つとも「相手ありき」の条件というのが理解できるでしょう。自分さえよければ、自分が気にしなければ、などという独善的な考えは許されません。

共通しているのは、相手に不快な思いをさせないという「思いやり」です。不快にさせるのが「失礼」なのです。ですから「礼儀をわきまえる」というのは、孔子が説く「善行」を積むことであり、「仁」を会得するための経験を積んでいる、ということになります。

「弱冠《じゃっかん》」

という言葉をご存知でしょう。

この出典も『礼記』なのですが、20歳で元服して冠を授かる（=成人の証を受ける）からには、今まで以上に責任ある「大人」として生きていかなければならない、という誓いを立てる意味も含まれています。

そして『礼記』には、

「冠は礼の始め」

とも書かれています。そうして自分を律して立派な人間としてますます成長していきなさい、と背中を押されるのが、「成人する」本来の意味なのです。

置かれた状況を楽しむ心の余裕の大切さ

ピンチや逆境に追い込まれたとき、いつもと変わらぬ振る舞いを飄々《ひょうひょう》としていられるような強心臓の持ち主は珍しいと思いますが、先に見た「窮すれば通ず」のように、逆境をはねのけるパワーを身に付けなさい、と諭す内容もまた、「四書五経」にはゴロゴロ転がっています。

やはり孔子自身が逆境の連続という人生を送ったことも関係しているでしょうし、春秋時代という戦乱に明け暮れた環境にあって、訪れる逆境にいちいち反応していたら身がもたない、という一種のたくましさも育まれていたのかもしれません。

どんな状況に身を置いていても、その境遇でできることを楽しんでしまおう、あるいは境遇そのものを楽しんでしまおう、という開き直りと紙一重ともいえる人生訓を孔子は説いています。

その文面からは、にこやかに談笑しているシーンすら浮かび上がります。

「貧しくして道を楽しみ、富みて礼を好む者には若《し》かざるなり」

これは『論語』にある文章で、弟子から「貧乏や富豪といった境遇にあるときの最善の生きかたとは？」と質問されたときの答えです。

「たとえ貧しくても道理を極める学習を続けていることや、富豪になってもなお礼儀というものを重んじる生きかたに、貧しいけれど物欲に走らないだけとか、富豪が財力に物をいわせる生きかたをしないなどということは及ばない」

要するに、置かれた境遇に甘んじているだけでは不足で、どんな境遇でも自分を磨く努力を怠らない生きかたのほうがモアベター、ということです。

そういう思いでいるから孔子は、逆境にあろうと順調なときであろうと、変わらず「仁」を求める生活を続けていました。

そのまったく軸がブレない生きかたに、多くの弟子は共鳴したのだと思います。

孔子は生涯を通じて、お金儲けやお金持ちになることを否定していません。決められたルールを守り、後ろめたい事情が何もないルートでそうした立場に登ったのなら、それは本人の努力が認められた結果だとしています。

ただし、何も努力しないでズルズルと貧乏にはまった人間は、まったく許していません。

こう見てくると孔子は、「上昇志向」と、それを体現した実行力に高い評価を与えていたこともわかります。

だからこそ「実行あるのみ」という教えも説いたのでしょう。その「実行あるのみ」は、いかなる境遇にあっても等しく発揮されるべき性質のものなのです。

聖人だって人間なんだ!!

本章の最後は、より善い人生を生きるために、まずは肩の力を抜こうという語句を紹介したいと思います。

『孟子』には、次のような一文があります。

「舜《しゅん》も人なり、我も亦《また》人なり」

「舜」というのは、古代中国を治めた聖人で、「四書五経」が理想としている人物です。「堯《ぎょう》」という聖人君子から認められ、実力本位で後継の座に選ばれるという「禅譲《ぜんじょう》」を最初に経験した人物でもあります。

雲の上のそのまた上の人、というくらいのレベルで、春秋時代を生きた人々にとっても、ほとんど神様に近い存在でした。

しかし、孟子はいうのです。

「舜だって人間なんだ!」

神様に近いとはいえ神様ではなく人間です。徳の備わりかたが尋常ではなかっただけです。しかし、その徳も、人生経験を積んでいく中で大きく育まれたものです。

そこで、

「自分も舜と同じ人間だ！」

という主張になるのです。

同じ人間の舜にできたのだから、自分にだって無理なはずはない。そういう思いです。

本章冒頭で、諦めないことの大切さを紹介しましたが、この孟子の〝心の叫び〟も、それと一線上にあると思います。

「レベルが違い過ぎて、どうせかなわない」

と考えるのは「画れり」の状況に他ならないからです。

それにしても、このときの孟子は思い切っています。孔子ですら、聖人と自分たちが同じ存在だとまでは言及していませんでした。

しかし、孟子のこの主張は、より善い生きかたや、より善い人間を目指そうという人たちにとって、大きな励みになりました。努力を続けることの意味付けが、今まで以上にハッキリしたからです。

そのため、朱熹は孟子の思想を大々的にプッシュし、ついには『孟子』を「四書」に加えたのでした。

終章

日本人を魅了し続けてきた「四書五経」の〝心〟

「平成」は『書経』から採用された元号

今上（平成）天皇の生前退位が正式に決定し、平成の世は31年4月30日で終わり、翌5月1日からは新天皇と新元号による世の中に移ります。

後に首相を務めた故・小渕恵三官房長官（当時）が、平成と大書された紙を掲げて新元号を発表した映像を記憶している読者も多いのではないでしょうか。それからしばらく、小渕氏は世間から「平成おじさん」と呼ばれていたことも。

歴代の元号が中国古典の一部を抜き出して作られてきたことを、ご存知の方も多いでしょう。しかし、その元号の〝ネタ元〟は何なのかとなると、ほとんどの人は知らないと思います。

実は「平成」には、〝ネタ元〟のひとつとして『書経』が採用されています。もうひとつ『史記』も出典とされています。

『書経』には、

「**地平天成**」

という文言があります。読み下せば、

「地平らかにして天成る」

です。『史記』からは「内平らかにして外成る」の文言が採用され、「平成」は「国内外にも天地にも平和が達成されるように」という故・竹下登首相（当時）の談話が示すように、ダブルミーニング的な要素を持った希望にあふれるネーミングでした。

ちなみに「平成」は、「元号法」という法律に基づいて決定された最初の元号でもあります。戦前は旧皇室典範の規定などから、元号は皇室が決めるものでした。しかし現在の皇室典範に改正されたとき、元号に関する記述がなくなっていました。

元号を決める主体が存在しなくなったのですが、日本人は元号に慣れ親しんでいます。生活とは切り離せません。終戦直後には改元論議もありましたが結局は昭和のまま代えないことになります。ところが30年近く経つと、昭和天皇のご年齢が改元を現実的な課題として浮かび上がらせます。当時の世論調査で85パーセントの国民が元号を使用しているという結果も出て、改元に関するルールの制定が急務となりました。

そして1979年に制定されたのが「元号法」です。

ここで元号は、皇位継承があったときのみ政令によって定められる。つまり内閣が決めるもの、となりました。ただし、この法律には元号決定のルールにだけ言及したもので、元号の使用を国民に義務付ける内容は記されていません。

近代の4元号は連続で「四書五経」が語源！

「平成」が『書経』を出典のひとつとしていることは前述のとおりですが、その前の「昭和」も、実は『書経』が出典となっていました。

『書経』に記された、

「百姓《ひゃくせい》昭明《しょうめい》　協和《きょうわ》萬邦《ばんぽう》」

という件を基に、宮内大臣の命を受けた漢学者が考案したのが「昭和」です。国民平和と世界の共存繁栄という願いが込められています。

「昭和」に改元されるとき、新元号の誤報スクープ騒動がありました。宮内省とは別に選定作業をしていた内閣の選定案が漏れたことが原因でしたが、責任を取って新聞社の編集主幹が辞任しました。そして「平成」に代わるとき、どこよりも早く新元号を発表したのは、その新聞社の後身でした。

補足すると「昭和」は、現在までの世界史上でもっとも長く用いられた元号でした。60年を超えて使用された元号は、「昭和」を含めても3つしかありません。

さらに遡って「大正」「明治」は、いずれも『易経』が出典でした。

「**大いに亨《とお》りて以て正しきは天の道なり**」

という読み下し文が意味するのは、「君主が民の言葉に耳を傾けるなら政治は正しく行われる」というような内容です。

「明治」は私たちがイメージする改元と様相を異にしていました。

今では「天皇の代替わりと一緒に改元するもの」というのが常識といえますが、まだ当時は天皇1代につき元号ひとつという「一世一元」が成立していません。明治天皇が即位したのは旧暦1867年であり、元号で書くと慶応3年です。この後に大政奉還などの政治的に重大なイベントが重なり、明治天皇は即位の礼までもが先送りされました。

即位から1年半後、ようやく即位の礼を挙行できましたが、ここでも元号は慶応でした。遅れて約10日後、「一世一元の詔」が出されて「明治」に改元という運びだったのです。これも、いくつかの元号案から明治天皇がくじを引いて決められた、といわれています。

どのような文言から採られたのかというと、

「**聖人南面して天下を聴き明に嚮《むか》いて治む**」

です。「君主があるべき正しい方向を見て民の声に耳を傾ければ、世の中は明るく照らされてよく治められる」というような意味です。

「四書五経」を出典とする元号のはじまりは？

「一世一元の制」以降の近代4元号が連続して「四書五経」を〝ネタ元〟としていたことを見たついでに、日本の元号で最初に「四書五経」を出典としたのは何だったのか、も見てみましょう。

日本で最初の元号は「大化の改新」で知られる「大化」ですが、元号が継続的に用いだされるのは約50年後、701年に制定された「大宝《たいほう》」からです。日本が律令国家としての新たなスタートを踏み出すため、このときに制定された「大宝律令」が有名です。

それから約200年、いくつもの元号が制定されましたが、出典が明らかではありません。ハッキリと出典がわかる最初の元号は901年に制定された「延喜《えんぎ》」で、これは『書経』から採用されたものです。醍醐天皇の治世でした。

改元の前年には、菅原道真が大宰府に左遷されていて、彼の死後に天変地異が続発したことから世の人々は、「道真の祟りだ」といって恐れました。

しかし道真を追放した醍醐天皇自身の治世は34年も続き、「大宝律令」の補足改訂版といえる「延喜式」の制定をはじめ善政を敷いたことから後年、「延喜の治」として称賛されるようになります。

続いて947年、3つの元号を挟んで『論語』を出典とする初の元号「天暦《てんりゃく》」も誕生します。

当時は醍醐天皇の皇子でもある村上天皇の時代ですが、在位中に制定した「天暦」を含む4元号のうち、出典不明をひとつ除く3つが「四書五経」から採用されています。

その後もたびたび出典として用いられることになる「四書五経」でしたが、村上天皇時代のように立て続けに出典として選ばれる、というようなことはなく、さまざまな中国からもたらされた典籍のひとつ、というポジションが続きました。

ところが、江戸時代に入ると状況が変わります。

徳川幕府公認の学問として朱子学が推奨され、その根本経典といえる「四書五経」への注目度が一段と高められたからです。

例えば3代将軍・家光の時代の「寛永《かんえい》」は『詩経』が〝ネタ元〟です。

この元号は銭形平次が投げる「寛永通宝」や、東京・上野にある「寛永寺」の名前でも知られています。

「由井正雪の乱」が起きた「慶安《けいあん》」は『易経』、江戸3大改革に数えられる「寛政《かんせい》の改革」の「寛政」は『春秋左氏伝』から、「天保《てんぽう》の改革」の「天保」は『書経』から……といった具合に、歴史上の有名な出来事などで知られる元号が、実は「四書五経」から数多く採られていました。

「十七条憲法」は『論語』の一文ではじまる

ここまで元号と「四書五経」の関係ばかりに触れてきましたが、ここでは目を転じて、日本や日本人に「四書五経」が与えてきた大きな影響についても見てみましょう。

聖徳太子（厩戸皇子《うまやどのみこ》）が制定したと伝えられている、日本初の明文法が「十七条憲法」。日本の義務教育を受けているならば、誰もが一度は耳目に触れたことがあるはずの有名な法律です。

その第一条も比較的知られている文章だと思います。それは、

「**和を以て貴しと為す**」

ではじまります。

これは実は、そのまま『論語』に掲載されている一文なのです。

聖徳太子や彼が生きていた時代の日本の政治は、大陸からもたらされて間もない仏教を基本に据えたもの、というのが一般的なイメージだと思います。それもその通りなのですが、その仏教受容を推進する中心人物だった聖徳太子が、十七条の筆頭に『論語』を持ってきているのです。

不思議に思えるかもしれませんが、歴史をひも解けば納得できます。

というのも、仏教の経典に先駆けて、日本には「四書五経」が伝えられていたからです。

このことは『日本書紀』などにも記載があり、仏教より50~100年近く前には伝来していたと推定されています。それだけの年月を経た聖徳太子の時代ともなれば、「儒」の教えは広く支配者層や知識人の間で共有されたものだったのです。

当時の日本ではすでに、「海外から受け入れたものを吸収して模倣しつつ改良する」という、現代にも見られる日本人らしい感性が育まれていました。先に入ってきた「儒」の思想もまた、後から訪れた仏教の教えの中に溶け込ませていきます。そうして日本独自に仏教は進化し、同時に「儒教」も形を変えて存続していくことになります。

「十七条憲法」は、その嚆矢ともいえます。第一条に『論語』を置きつつ、その後の条文には仏教の影響がみられたりして、まさしく日本人らしい〝いいとこ取り〟の創意が表れているからです。

その後、奈良時代になると日本は、御仏の力を借りて国を運営していこうという「鎮護国家」の体裁を整えていきます。そのため、「儒」の影響が、表面的には後退するという時期が長く続きます。

しかし、平安時代の村上天皇が元号の悉くを「四書五経」から採ったように、まったく仏教の陰に隠れてしまったわけではありませんでした。

〝日本人らしさ〟の土台が作られた江戸時代

江戸時代は、幕府の政策によって仏教より上位に「儒教」が置かれることになりました。かつては屈強な「僧兵」を擁して政治を左右することも多かった天台宗の総本山・比叡山延暦寺が、幕府の統制下に創設された関東天台宗の下位に位置づけられたのは好例でしょう。

奈良時代以降の日本は、基本的には仏教思想に基づいた政治体制が敷かれていました。しかし徳川幕府は仏教を政治の根本に据えず、儒教の中でも「朱子学」を、幕藩体制を支える思想的な支柱としました。

幕府が設立した高等教育機関「昌平坂学問所」では、「四書五経」は絶対に学ぶべき基本テキストとされました。寛政の改革では「寛政異学の禁」というお触れが出されて、朱子学以外の学問が禁じられたほどでした。

日本に朱子学がもたらされたのは、鎌倉時代といわれています。「鎌倉新仏教」ブームの時代で、大陸に留学する仏教の僧、特に禅僧が、現地で最新の学問だった朱子学を帰国するときに持ち込んだ、というのが通説です。

余談ながら、「建武の新政」を主導した後醍醐天皇をよく支えた北畠親房の『神皇正統記《じんのうしょうとうき》』には、朱子学の影響と思われる記述もあると指摘されたりすることもあります。

流入の経緯から朱子学は長く、京都五山を中心とする禅宗の寺院で学ばれていました。やがて戦乱の世になると、京都から地方に逃げ延びた公家たちの存在などもあり、全国に広がっていくようになります。

江戸時代になると、幕府の意向もあって朱子学は禅宗から切り離されました。

儒家の林羅山は政治顧問のような立場で幕府に招請されると、武家教育を統括させる目的から「大学頭《だいがくのかみ》」という官職に任じられます。この職責は林家が世襲しますが、林家を厚く庇護した5代将軍・綱吉によって学校用地を与えられ、その地に林家が創設した学校が、現在も残る東京・御茶ノ水にある「湯島聖堂」です。

綱吉が寵愛した柳沢吉保は、儒者として高名な荻生徂徠を迎え、自分の屋敷で勉強会も開いていました。そこには綱吉も顔を出していたといわれています。

続いて6代将軍・家宣も、儒者の新井白石を召し出しました。このときから「儒」は、思想面のみならず実務にも影響を及ぼす確固とした存在となります。

その後は、幕府の政策と町人文化の発展とが両輪のように作用して、「儒教」の思想が庶民レベルで全国に波及していき、私たちが常識と考えている〝日本人らしさ〟が完成していくのです。

「四書五経」が育んだ〝日本人らしさ〟とは？

朱子学を筆頭とした「儒」の教えが全国に身分を問わず普及していったことは、現代に生きる私たちにも大きな影響を与えています。

少し前の〝生涯学習ブーム〟にはじまり、近年は自己啓発が定着しているような感もありますが、基本的に自らが動いて自分を磨くという行動は、善き人になって善き人生を送るための修行論として、孔子が教えていた方法、

「己を修めて人を安んじる」

と重なります。これは『論語』にある言葉です。

それをさらに進めて個人の修養＝「修己治人」に重きを置いたのが朱子学で、その理論が江戸時代の後期には、広く行き届いていたということです。

そして江戸時代の幕藩体制。これが「儒」を受け入れるために大きな意味を持っていました。

多くの場合、厳格な身分制度を維持するために有用と思われた朱子学が強調する理論を取り入れた、というような説明がされます。目上の者を敬うとか、忠義の道などといった徳目です。

そういった朱子学が重要視する理論を、幕府はおろか幕末ともなれば全国的に当時の日本人が当たり前のこととして受け入れているわけです。

もちろん、長年にわたるお上主導の刷り込みの成果だ、ということもいえるでしょう。しかし、幕藩体制が当たり前となった時代に生きた人々にとって、「儒」は永遠不変と思われる社会制度と同じように、永遠不変のごく自然な内容と思われていたのです。

それには幕藩体制が、孔子をはじめとする儒者たちが理想の社会が実現していたと考えていた、中国古代の王朝・周の制度に類似していたことも影響しているでしょう。

つまり、理想の社会に近い社会で生きているのだから、理想の社会で取り入れられるべき思想＝「儒」を自分たちが受け入れることもまた、自然なことと感じられたのです。

こうして朱子学が主張する「誠」の重要性は、もともと日本人が持ち合わせていた「真心」などと結びついて武士道などに活かされ、長幼の序が重んじられて家父長制度が定着していくなど、多方面にわたって「四書五経」の内容が〝日本人らしさ〟を最終的に形作ることになります。

この流れは明治時代に入っても変わりませんでした。

現在では非難されることも多い「教育勅語」には「四書五経」のエッセンスが豊富に取り入れられていましたし、今でも「政治倫理」によって「政治家は有徳者であるべき」というような「修己治人」由来と思われる理屈が常識となっているほどです。

日本に溶け込んだ「四書五経」の言葉

私たちの耳目に触れたことがある、あるいは実際に使ったことがある格言やことわざ、四字熟語などの中には、「四書五経」に由来する言葉が数多くあります。序章で触れた「温故知新」のような言葉です。

本書の最後は、私たちが何気なく触れていた「四書五経」を紹介して締めくくりたいと思います。

何かのアクシデントに見舞われたとき、それを運よく回避できても不幸にして損害を被ったとしても、多くの場合に用いられる言葉として、

「備えあれば患いなし」

があります。これが実は『書経』にある言葉なのです。

『書経』は序章で記したように、理想的な君主が治める理想的な社会の出来事を書き綴った書物です。その中に、この言葉が出てくるのです。

行き当たりばったりではない生き方や考え方が心に余裕を持たせ、それが失敗を回避し、ゆく

ゆくは理想を実現するための土台になる、というように考えれば、アクシデントに見舞われた後に思い出すだけではなく日常的に、この言葉を心に留め置くのがいいのかもしれません。

おそらく古典の授業などで誰もが唱和したことがあるはずの有名な言葉に、

「巧言令色、鮮なし仁」

があります。この出典は『論語』で、意味は「巧みないい回しで言葉を飾ったり、善人に見られたいあまりに不相応に外見を飾る人は、自分本位で思いやりに欠けた人物だ」というようなものです。

少し前から日本では「自然体」「自分らしく」というような言葉が流行っていますが、それを意識しすぎて言葉が過剰になったり意図して奇抜なファッションを好んだりするケースも見られます。孔子から見れば、こうした人たちは、ちっとも「自然」ではないでしょう。意図せず口から発せられる言葉、意識せず着こなしている洋服……そういったもののほうが、より「自然」であることは明白ですし、力みがないからこそ周囲を見渡す余裕ができるというものです。

そのような状態にあってはじめて、孔子が説く「仁」を身に着ける準備が整う、といえます。

続けて『論語』から紹介しましょう。これも広く使われている言葉だと思います。

「後生畏るべし」

よく耳目に触れる言葉ではありますが、よく意味を知られていない言葉の代表格といえるかもしれません。

多くの場合、相手のスキルなどの高さを思い知らされて、「こいつの将来は末恐ろしいぞ」のような意味合いで用いられると思いますが、原典を読むと、もう少し深い意味があります。

相手の可能性を最大限に評価する、という点では同じなのですが、その相手が「絶え間なく力いっぱいの努力を続けている」という但し書きがつくのです。

つまり、原典が意味するところは、厳密には、

「奮闘努力する人の未来は、計り知れないほど大きい可能性を秘めている」

というような意味になります。

「他人のふり見て我が振り直せ」ということわざがありますが、他人の様子を嘲り笑ったりしている自分だって、その相手と大差ない存在だよ、ということを教えてくれる言葉が「五十歩百歩」です。

この言葉の〝ネタ元〟は『孟子』で、そこには、

「五十歩を以て百歩を笑う」

とあります。

五十歩と百歩なら確実に移動距離が違います。間近で見ていれば簡単にわかることです。しかし、この言葉が示すのは、そんな単純な事例ではありません。

孟子は、

「50歩だけ逃げた兵士が、100歩逃げた同僚を〝臆病者〟となじった。しかし、両者とも逃亡したことに変わりはない」

ということを述べているのです。孟子がこの言葉を投げかけたのは、そのときに仕えていた王様です。王様は、どれだけ新しい政策を導入しても人口が増えない、と悩んで孟子に相談したのです。

そこで孟子は、戦争で荒廃した地域に、それを免れた地域から農産物を輸送するという対症療法的な王様の政策を批判したのです。国内の生産量は同じで、それをならしただけですから、荒廃した分だけ全体としての収量が下がるのは当然のことです。

100歩の兵士を荒廃地域、50歩の兵士を輸送元と置き換えれば、どちらも本来あるべき収穫にありつけていないことが理解できるでしょう。その意味で両者とも立場は同じだと、孟子は指摘したのです。深いですよね。

ちなみに孟子は、「農繁期の戦争を止め、環境に配慮した農業政策を施す」などという、従来とは異なる視点での政策立案が急務だと進言しています。

次は数字つながりで、あまりにも有名な『論語』の一文を紹介します。長いので区切りながら記します。

「吾、十有五にして学に志す」

15歳前後、つまり物事の分別がつくようになる大人の階段を上るころに、学問を究めようと決意する、というような意味です。ここでいう学問は、孔子がいう「仁」の体得に通じる内容を示します。このくだりは「志学」の2文字で表され、学校の名前などにも好んで用いられています。

「三十にして立つ」

ひと通りの学問を修めた30歳前後、いよいよそれを実践する段階に足を踏み出すというような意味と考えていいでしょう。2文字で「而立」と表されます。

「四十にして惑わず」

四半世紀ほど前、プロ野球の門田博光選手（当時）が、40歳を超えてなお、ホームラン王争いをするなど大活躍していたことを、覚えている読者も多いでしょう。そのとき、門田選手を報じるうえでよく冠されたのが「不惑」の2文字でした。

40歳前後になったら、自分が歩んできた道に疑問を抱かないようにしよう、というような意味です。

「五十にして天命を知る」

迷いなく自分が信じた道を歩み続けて50歳前後を迎えたら、それまでの経験や知識によって自然と「自分がこの世に生まれてきた意味を知るようになる」ということです。

それは孔子の教えでは、「仁」を体得し、それを教え広めること、になります。2文字では「知命」と書きます。

「六十にして耳順《したが》う」

「耳順」の2文字で示されますが、「仁」の体得を目指して人生を歩んでくれば、老境に差し掛かってくるころには我欲も消えて、周囲の意見にも素直に耳を傾けられるようになる、ということです。いわゆる「ガンコ」さとは無縁の人柄ということです。

「七十にして心の欲するところに従いて矩《のり》を踰《こ》えず」

人生の最終盤ともいえる年代まで正しい人生を送り続けていたならば、心の赴くままに考えたり行動したりしても、決して自分の許容範囲を超えたり社会に迷惑をかけるようなことにはいたらない、というような意味です。

最後に同じく『論語』から、これまた著名な一説を紹介して、本書の幕引きにしたいと思います。

「学びて時に之を習う。また説《よろこ》（悦）ばしからずや」

「新たな知識を求めて勉学を続け復習によって身につける。何という喜びだろうか」というような意味です。

今のみなさんにピッタリの言葉ではないでしょうか！

おわりに

執筆中にも思ったのですが、「四書五経」の世界では婉曲な表現が数多く出てきます。そうかと思えばシンプル過ぎるだろうとツッコミを入れたくなるような文章もあります。

そのため解釈を許される幅が広く、２０００年以上もずっと、その解釈を巡る学問が発展してきました。その好例は、本書でも紹介した「宋襄の仁」を巡る真逆の解釈の存在でしょう。

言い訳めいてしまいますが、本書で紹介している文言に対する解釈や説明も、それが絶対に正しい唯一の答え、とは限りません。

私の解釈や説明にお付き合いいただいたうえで、自分なりの思うところや視点を加えて応用しても、まったく問題ありません。その一助となるべく、できるだけ現代や私たちの身近なことで置き換え、文言の持つ意味をイメージしやすいように努めたつもりです。

「四書五経」の全容を詳述した内容ではありませんが、本書によってその不朽のエッセンスに触れて、「人生に活かせそう」「ビジネスに有益そう」「人生を楽に過ごせそう」と思っていただけたら幸いです。

私は、ほぼ歴史を専門に執筆活動を続けているのですが、古代中国を見れば「四書五経」は欠かせない素材として登場し、日本史を見ても、時代や視点によっては「四書五経」がクローズアップされてきます。

そこで歴史を追うなかで自然と「四書五経」の世界に興味を持つようになっていました。それが本書執筆のそもそものスタート地点です。

そこで「東洋哲学」専門家ではありませんが、長く続く40代に突入後の後半生を少しでも豊かに楽に過ごすための「知恵袋」として「四書五経」を活用するための書籍、を考えた次第です。

最後になりましたが、出版の機会を与えていただいたWAVE出版の玉越直人社長、本企画を「おもしろい」と後押ししてくれた同・吉嶺菜穂さん、そして今回も強力な叱咤激励を続けてくださった菊池企画・菊池真さんに、この場を借りて厚く御礼申し上げます。

著　者

参考文献（著者五十音順）

赤塚忠『易経』明徳出版社
石川忠久『詩経』明徳出版社
井出元（監修）『「礼記」にまなぶ人間の礼』ポプラ社
宇野哲人（全訳注）『大学』『中庸』講談社
小倉芳彦（訳）『春秋左氏伝（全3巻）』岩波書店
貝塚茂樹（訳）『孟子』、（訳注）『論語』中央公論新社
加地伸行『儒教とは何か　増補版』中央公論新社、（全訳注）『論語　増補版』講談社
金谷治『孟子』、（訳注）『大学・中庸』岩波書店、『孔子』講談社
鎌田正『春秋左氏伝』明徳出版社
久米旺生『中国古典百言百話7　論語』『中国古典百言百話13　孟子・荀子』PHP研究所
小出文彦、瀬戸慎一郎『史記・春秋戦国人物事典』新紀元社
小島毅『東アジアの儒教と礼』山川出版社、『朱子学と陽明学』筑摩書房
小南一郎『「詩経」歌の原始』岩波書店
小林勝人（訳注）『孟子（全2巻）』岩波書店
下見隆雄『礼記』明徳出版社

渋沢栄一『論語と算盤』ＫＡＤＯＫＡＷＡ
高田真治、後藤基巳（訳）『易経（全2巻）』岩波書店
竹内照夫『四書五経入門』平凡社
野村茂夫『書経』明徳出版社
俣野太郎『大学・中庸』明徳出版社
三浦國雄『ビギナーズクラシックス　中国の古典　易経』ＫＡＤＯＫＡＷＡ
宮崎正勝『早わかり東洋史』日本実業出版社
目加田誠『詩経』講談社
守屋洋『中国古典百言百話14　大学・中庸』ＰＨＰ研究所、『「四書五経」の名言録』日本経済新聞出版社
諸橋轍次『中国古典名言事典』講談社
安本博『ビギナーズクラシックス　中国の古典　春秋左氏伝』ＫＡＤＯＫＡＷＡ
矢羽野隆男『ビギナーズクラシックス　中国の古典　大学・中庸』ＫＡＤＯＫＡＷＡ
歴史と元号研究会『由来と意味がよくわかる日本の元号』ＫＡＤＯＫＡＷＡ

熊谷充晃（くまがい　みつあき）

1970年生まれ、神奈川県出身。著述家。

幅広いジャンルでの執筆経験をもつが、近年は古今東西のさまざまな「歴史」についての著述が中心。

歴史を彩る一側面として「東洋思想」も探求しており、著書に『知っていると役立つ「東洋思想」の授業』（日本実業出版社）がある。

また、『「日本軍」はなぜ世界から尊敬されているのか』（KKベストセラーズ）、『110のキーワードを読み解く　2ページでわかる日本史』（池田書店）、『教科書には載っていない!戦争の発明』（彩図社）、『世界文化遺産富岡製糸場と明治のニッポン』（WAVE出版）など歴史分野の著書多数。

企画編集協力／菊池 真（菊池企画）

40代からの生き方が楽になる知恵
「四書五経」に学ぶ永遠の人生哲学

2018年3月22日　第1版第1刷発行

著　者　熊谷充晃

発行者　玉越直人

発行所　WAVE出版
〒102-0074　東京都千代田区九段南3-9-12
TEL 03-3261-3713　FAX 03-3261-3823
振替 00100-7-366376
E-mail: info@wave-publishers.co.jp
http://www.wave-publishers.co.jp/

印刷・製本　モリモト印刷株式会社

ISBN978-4-86621-135-0
NDC335 192P 19cm